名师名校名校长

凝聚名师共识
回应名师关怀
打造名师品牌
培育名师群体

程晓远题

# 基于核心素养的

# 单元式 教学设计

谢海龙 主编

（以高中化学必修一课程为例）

西安出版社

**图书在版编目（CIP）数据**

基于核心素养的单元式教学设计：以高中化学必修
一课程为例 / 谢海龙主编. — 西安：西安出版社，
2024.5

ISBN 978-7-5541-7488-3

Ⅰ.①基… Ⅱ.①谢… Ⅲ.①中学化学课—高中—教
学参考资料 Ⅳ.①G633.83

中国国家版本馆CIP数据核字（2024）第080411号

基于核心素养的单元式教学设计（以高中化学必修一课程为例）
JIYU HEXIN SUYANG DE DANYUANSHI JIAOXUE SHEJI YI GAOZHONG HUAXUE
BIXIUYI KECHENG WEI LI

出版发行：西安出版社
社　　址：西安市曲江新区雁南五路 1868 号影视演艺大厦 11 层
电　　话：（029）85264440
邮政编码：710061
印　　刷：北京政采印刷服务有限公司
开　　本：787mm×1092mm　1 / 16
印　　张：14.25
字　　数：248千字
版　　次：2024 年 5 月第 1 版
印　　次：2024 年 6 月第 1 次印刷
书　　号：ISBN 978-7-5541-7488-3
定　　价：58.00 元

# 编 委 会

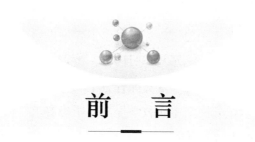

# 前　言

## 一、基于核心素养的大单元教学的基本概念

教育目的怎样才能实现？从其转化过程来看必须逐级下放，才能在基础教育中落实。"立德树人"是对个体成长的总指导，落实到学校教育中即发展学生核心素养。核心素养是对学生必备品格、关键能力及正确的价值观念的总概括，最终还是要依靠课程与教学来实现。因此，教育部正式颁布了课程方案和学科课程标准，明确提出了化学学科核心素养，包括"宏观辨识与微观探析、变化观念与平衡思想、证据推理与模型认知、科学探究与创新意识、科学态度与社会责任"。学科核心素养的形成以学科教学为基础，学科教学本身则由若干个教学单元组成，而单元教学最终则细化成具体课时。由此可知，单元教学在核心素养转化落地的过程中处于关键环节，发挥着重要作用。

化学学科核心素养落地需要什么样的教学环境？著名课程论专家钟启泉教授认为它"不是直接由教师教出来的，而是在问题情境中借助问题解决的实践培育起来的"。问题情境的形成需要真实的学科背景，才能凝练成学科问题，再依靠学科探究活动才能得以解决。显然这是一个完整的系列教学过程，而基于知识的教学就很难承载和实现这一过程。指向化学学科核心素养的单元整体教学，依据大的教学观念和主题，以真实的问题情境为教学起点，经过一系列探究活动解决问题并进行迁移和应用，是学生化学学科核心素养落地的自然需求。

## 二、搞大单元教学的原因

### （一）新课程改革的要求

《普通高中课程方案和语文等学科课程标准（2017年版2020年修订）》提出了关注学生学习过程，创设与生活关联的、任务导向的真实情境；《义务教

育课程方案和课程标准（2022年版）》提出了"推进综合学习""探索大单元教学""促进知识结构化"。2023年5月9日，教育部发布《基础教育课程教学改革深化行动方案》，提出要"落实课程方案和课程标准，全面推进教学方式变革"。这些都为学校开展大单元教学提出了明确要求，使大单元教学成为一种要求，而非可做可不做的事情。

**（二）高考评价的要求**

从高考评价体系来看，单从命题内容来说，近年来有了非常大的变化。特别是2023年高考命题，从"知识导向"向"素养导向"的转变明显加速。有几点必须关注：一是对学科材料的选用更加广泛，基本上不会选用教材中的现成材料，学生应该怎么办；二是习题更综合化，多题型、非固化题型、反套路题型、创新性题型等题型占比已经很大（后面还会继续加大，直到最大），这些题型都强化了学科核心素养，突出思维过程的展现（可视化思维）等，这对学生的研究性学习能力要求较高，因此，"像出题专家那样学习和思考"肯定会成为课堂学习的主要形态。以后，学生提高分数只能依靠知识的积累和学科素养的提升，死记硬背和机械刷题的收益将越来越少。而大单元教学依靠"任务解决"的学习模式，是解决学生高考能力问题的重要措施和手段，这一点毋庸置疑。

综上所述，大单元教学必须搞，而不是想不想搞、能不能搞的问题。这是一个现实，学校要认清楚这一点。

## 三、大单元教学的做法

### （一）顶层设计，理念引领

如何设计一个大单元的学习？我们成立骨干研究小组，进行系统研发，在多次讨论中，单元整体设计需要解决的问题渐渐清晰。一个学期的大单元名称与数量确定好以后，就需要按单元设计学习方案。单元学习方案应该是一个完整的学习故事。按大单元设计的学习方案要把六个问题说清楚：一是单元名称与课时，即为何要花几课时的时间学习此单元；二是单元目标，即此单元要解决什么问题，期望学生学会什么；三是评价任务，即何以知道学生已经学会了；四是学习过程，即要经历怎样的过程才能够学会；五是作业与检测，即学生是否真的学会；六是学后反思，即通过怎样的反思让学生学会管理自己的学习。单元教学设计是教学专业性的重要体现，它是基于学生立场、对学生围绕某一单元开展的完整学习过程所做的专业设计：从期望学生"学会什么"出发，逆向设计"学生何以学会"的过程，为学科核心素养的落地指明了清晰的路径。

**（二）集体智慧，实时反馈**

有了单元整体教学设计流程的理念引领，我们充分发挥贵州省化学谢海龙名师工作室平台的优势，首先组建研究小组，将这些单元整体教学设计理念和思路落实到单元设计、真实课堂、教学活动当中去，并不断修正反馈问题、修正机制。将任务解剖，最终形成各部分设计的分析方略。主题内容要求转化为单元目标的思路如下：

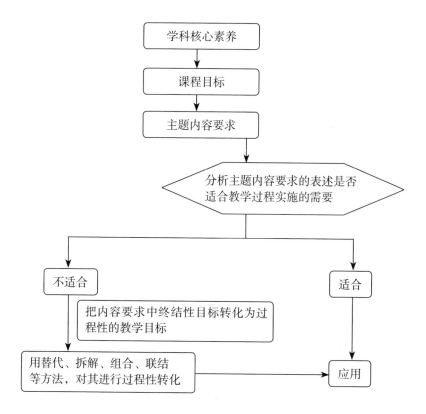

**（三）体系建构，形成范式**

以学科核心素养为引领结合"集体教研"实施成果，梳理通单元整体教学各关键环节，我们建构了单元整体教学设计流程。

## 四、本书解决的主要问题

### （一）逾越宏观课程设计与微观课时设计之间的鸿沟

传统的单课时教学容易造成教学目标割裂，知识无法有效融合，不利于学生知识体系的构建，这直接影响到学生学科能力的培养和学科核心素养的发展。开展"素养为本"的化学教学，要求教师打破单课时教学的束缚，通过整体规划，将关联性的知识重组为基于一定主题的教学单元，将零散的知识结构化，将化学观念、学科能力和学科思维方法展现并提炼出来，实现知识和素养的融合，促进由"知识为本"到"素养为本"的转变。打通知识与素养之间的壁垒，单元整体教学设计就是撬动课堂转型的一个支点。

单元整体教学设计是介于宏观课程设计与微观课时设计之间的"中观"教学设计，向上可以较好地兼顾课程整体目标和知识结构，向下可以合理协调课时之间的教学逻辑。单元整体教学设计具有整体性、进阶性、包容性、多样性、生本性、创造性等特征，其中创造性是其本质特征。单元整体教学设计是落实化学学科核心素养的自然需求，是促进课堂教学师生共同成长的必然追求，是促进教师整体提升把握课程与教学能力的关键措施。

### （二）打通知识体系建构和学生素养养成之间的壁垒

首先，从教师角度看，单元整体教学不是将原有知识点教学进行简单相加，而是综合各因素从整体的角度进行有机重组，它本身结构完整且有明确的目标、主题、活动及评价，即最小的学科教学单位。而教师要完成这样的单元教学设计，就要从课时视角向单元视角转变，跳出零碎的知识点，立足化学学科核心素养，重新审视、组合教学内容。此外，教师还要思考学生的认知逻辑障碍，选择合适的教学策略等。

其次，从学生角度看，学生观念的形成源自真实而复杂的思维活动，这种活动建立在知识与经验联结的基础上，并经过不断的加工、改造及运用。然而传统的知识点教学往往过于重视单纯的死记硬背，忽略了知识之间的关联，这就限制了学生的思维拓展，学生头脑中零散的知识碎片很难形成完整的知识结构体系，化学观念也就无法建构。而单元整体教学以整体的视角，充分考虑各知识点之间的联系，让学生在完整知识载体的基础上形成核心观念。学生在单元学习中由浅入深地掌握学科观念及方法，形成关键的学科思维品质及能力，因此有利于深度学习的发生和学习进阶的发展。

最后，就课堂教学本身而言，单元整体教学原本就是构想与设计的，这种构想就突出了教学的目的性，思考怎样描绘基于一定目标与主题开展探究叙事的活动；而设计则要突出过程性，综合各因素合理安排单元结构及课时内容，两者结合创造出更为优质的教学。

### （三）提升教师整体把握课程教学与集体教研的能力

教学目标是教学设计的灵魂，它的设定是否科学、合理，在很大程度上决定了教学实践能否获得成功。单元整体教学对教学目标的整体把握主要体现在两个方面：一方面，单元教学目标设计具有整体性。另一方面，单元内课时教学目标与单元教学目标具有关联性。通过对单元内每一课时教学目标有层次、分阶段地逐步落实而最终实现单元教学目标。课程内容方面，首先，单元整体教学有助于教师把握课程内容的内在联系。系统论认为，整体不能被划归为其组成部分来理解，由相互联系、相互作用的部分有机地构成的系统具有其各个部分在彼此孤立的状态下所不具有的整体特质。其次，单元整体教学有助于提升教师整合课程内容的能力。教师加深对教材的领会和把握，从而能够创造性地、个性化地运用教材，真正实现从"教教材"到"用教材"的转变。教学评价是教师应具备的基本技能。单元整体教学将单元内每一节课纳入单元整体体系去思考，对教学目标的合理性、教学内容的恰切性、教学方法得当与否的评价就更加客观，使教师能够通过学生在整个单元教学活动中的综合表现、作业的完成情况，以及学生的自我评价来全面评价单元教学设计的实施效果，并根据评价反馈来反思教学设计实施过程中遇到的问题，进而调整和改进教学设计。

# 目　录

## 第三章　"铁　金属材料"教学设计

## 第四章　"物质结构　元素周期律"教学设计

# "绪言"教学设计

# 整体规划

绪言（1课时）

| 节/课时 | 具体内容与课时规划 | 备注 |
|---|---|---|
| 绪言/1课时 | 核心内容线索：<br>1. 化学是什么？化学能干什么？怎么用化学为人类服务？<br>2. 化学发展历史中的关键理论和科学家，我国科学家在化学中的贡献。<br>3. 立规矩、提要求及思想和方法引领，作业要求、安全要求 | 开学第一课很重要，这是学生以化学的眼光看待世界的价值引领。前两个问题可以做成微课播放给学生 |

## 一、教学分析

### （一）课标分析

《普通高中化学课程标准（2017年版2020年修订）》明确指出："化学是在原子、分子水平上研究物质的组成、结构、性质、转化及其应用的一门基础学科，其特征是从微观层次认识物质，以符号形式描述物质，在不同层面创造物质。化学不仅与经济发展、社会文明的关系密切，也是材料科学、生命科学、环境科学、能源科学和信息科学等现代科学技术的重要基础。化学在促进人类文明可持续发展中发挥着日益重要的作用，是揭示元素到生命奥秘的核心力量。"

**基本理念：**普通高中化学课程是与义务教育化学或科学课程相衔接的基础课程，是落实立德树人根本任务、发展素质教育、弘扬科学精神、提升学生核心素养的重要载体；化学学科核心素养是学生必备的科学素养，是学生终身学习和发展的重要基础；化学课程对于科学文化的传承和高素质人才的培养具有不可替代的作用。

**内容要求：**了解化学的概念与研究对象及发展史，化学的价值和取得的成就。

**学业要求：**了解化学的特点和魅力及化学的学习途径和方法。

### （二）教材内容分析

本节教学内容选自人教版高中化学必修1"绪言"，共1课时。教材开门见山地给出了化学的概念，介绍了化学研究的对象。教材通过实例及科学家的贡献等介绍了化学发展史及取得的成就；通过生活中的化学物质让学生感受到化学的特点和魅力，进一步激发了学生学习化学的兴趣和热情；从我国科学家的不懈努力并取得成功的实例逐渐过渡，让学生领悟化学的学习途径和方法。

### （三）学情分析

在初中化学的学习中，学生已经初步理解什么是化学及化学研究的对象，对化学学科有了一个基本印象，本节内容的学习主要是让学生对化学再认识，激发学生对化学科学的学习兴趣，感受化学科学的一般学习方法。

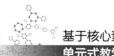
本课时的教学设计根据认知规律，首先从化学的概念与研究对象、化学的发展史与近代化学发展的几个里程碑，到当代化学的重要价值、我国化学发展的成就、化学的特点和魅力，最后到化学的学习途径和方法在教学过程中，利用图片和视频充分发展学生科学探究与创新意识、科学态度与社会责任等化学学科核心素养。

## 二、教学目标

**知识目标：**

（1）了解化学学科与工农业生产的密切联系，培养科学态度与社会责任的学科核心素养。

（2）了解化学的学科的理论基础和学习化学学科的一般途径和方法，提升科学探究与创新意识等学科核心素养。

**能力目标：**

（1）通过课堂练习诊断学生获取知识的能力。

（2）通过探究式提问，了解学生对各个环节知识的掌握情况。

（3）通过学生单独展示本节主要内容的方式对学生学习情况进行初步评判。

## 三、教学重难点

教学重点：什么是化学及了解化学的发展史。

教学难点：化学的特点及化学学习的途径和方法，激发学生学习化学的兴趣。

## 四、教学方法

问题驱动法、小组讨论法、多媒体辅助法。

## 五、教学设计思路

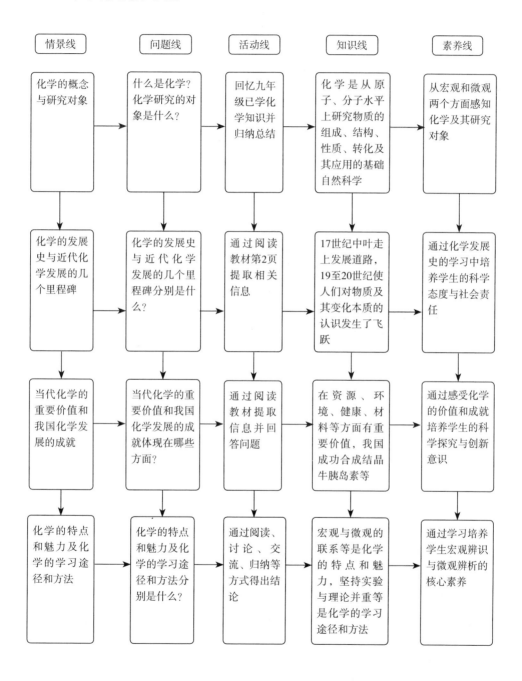

| 情景线 | 问题线 | 活动线 | 知识线 | 素养线 |
|---|---|---|---|---|
| 化学的概念与研究对象 | 什么是化学？化学研究的对象是什么？ | 回忆九年级已学化学知识并归纳总结 | 化学是从原子、分子水平上研究物质的组成、结构、性质、转化及其应用的基础自然科学 | 从宏观和微观两个方面感知化学及其研究对象 |
| 化学的发展史与近代化学发展的几个里程碑 | 化学的发展史与近代化学发展的几个里程碑分别是什么？ | 通过阅读教材第2页提取相关信息 | 17世纪中叶走上发展道路，19至20世纪使人们对物质及其变化本质的认识发生了飞跃 | 通过化学发展史的学习中培养学生的科学态度与社会责任 |
| 当代化学的重要价值和我国化学发展的成就 | 当代化学的重要价值和我国化学发展的成就体现在哪些方面？ | 通过阅读教材提取信息并回答问题 | 在资源、环境、健康、材料等方面有重要价值，我国成功合成结晶牛胰岛素等 | 通过感受化学的价值和成就培养学生的科学探究与创新意识 |
| 化学的特点和魅力及化学的学习途径和方法 | 化学的特点和魅力及化学的学习途径和方法分别是什么？ | 通过阅读、讨论、交流、归纳等方式得出结论 | 宏观与微观的联系等是化学的特点和魅力，坚持实验与理论并重等是化学的学习途径和方法 | 通过学习培养学生宏观辨识与微观辨析的核心素养 |

## 六、教学过程

**教学环节一：化学的概念和研究对象**

放一组现代化学与人类生活关系的图片，激发学生对本节课的求知欲，并积极参与讨论。从宏观和微观两方面认识化学及其研究的对象。

| 教师活动 | 学生活动 | 设计意图 |
|---|---|---|
| 课前请同学们回忆以前所学的化学知识，并进行简单的描述。<br>创设情境：展示现代化学材料及其应用的视频。<br><br>什么是化学？化学研究的对象是什么？当代化学的重要价值和我国化学发展的成就体现在哪些方面？让我们带着这些问题进入本节内容的学习 | 学生观看图片、视频等。<br><br><br>思考 | 吸引学生注意力，引发学生思考，并作为问题驱动推动学习 |
| 活动一：<br>回忆九年级已学化学知识和阅读绪言部分归纳总结。<br><br>问题：请同学们阅读第2页内容，简单描述化学的发展史及近代化学发展的几个里程碑。<br>小结：17世纪中叶走上发展道路，19～20世纪使人们对物质及其变化本质的认识发生了飞跃 | 学生小组讨论。<br><br>小组代表依次发言并归纳总结。<br><br>小组代表举手抢答 | 学生小组讨论，让学生参与课堂教学活动，充分体现学生的主体地位，提升学生的表达能力和提取信息的能力，诊断学生归纳总结能力。<br><br>让学生通过归纳和描述深刻体会化学的发展史及近代化学发展的几个里程碑 |

**教学环节二：当代化学的重要价值和我国化学发展的成就**

利用图片展示和引导学生阅读，通过感受化学的价值和成就培养学生的科学探究与创新意识。

| 教师活动 | 学生活动 | 设计意图 |
|---|---|---|
| 活动二：价值和成就<br>通过阅读教材展示图片等提取信息并回答问题。<br>通过阅读和观察，体会当代化学的重要价值和我国化学发展的成就体现在哪些方面。<br>引导学生归纳总结：化学在资源、环境、健康、材料等方面有哪些重要价值，我国成功合成结晶牛胰岛素的意义等 | 小组合作讨论小组代表举手抢答。<br><br><br>分析、思考 | 通过感受化学的价值和成就，知道每一项成功都需要付出艰辛的努力，培养学生科学探究与创新意识 |

**教学环节三：化学的特点和魅力及化学的学习途径和方法**

通过阅读等方式让学生感受化学的特点和魅力，进一步激发学生学习化学的兴趣。

| 教师活动 | 学生活动 | 设计意图 |
|---|---|---|
| 活动三：请同学们通过阅读了解化学的特点和魅力及化学的学习途径和方法分别是什么。<br>小结：宏观与微观的联系等是化学的特点和魅力，坚持实验与理论并重等是化学的学习途径和方法 | 学生讨论，小组代表举手抢答汇报并归纳 | 感受化学魅力与特点的同时，培养学生宏观辨识与微观辨析的核心素养 |
| 布置作业：<br>预习物质的分类及转化 | 完成作业 | 为下节课的学习做好准备 |

## 七、教学反思

本节课主要讲的是高一化学必修一绪言，没有新内容，但是比较重要的一课。这是高中学生的第一节化学课，关系到学生对化学学习的态度、兴趣和认识，关系到学生的积极性。

本节课重点介绍了化学是一门什么样的学科，化学这门学科在众多科学中有什么作用，介绍化学在人类生活的各个方面有什么作用、意义，介绍了学生身边有什么样的化学物质和化学现象等，这对化学在学生心目中留下什么印象很重要，也是本课时的教学目标所在。

这节课不能用太过于专业的词汇来介绍，毕竟高一新生对化学的认识和了解还仅仅是初中的表象化学。因此，本节课运用了大量的图片和表格，甚至是视频，用通俗易懂的语言介绍学生身边的化学现象及其神秘的面纱，激发学生的学习兴趣，毕竟兴趣是最好的老师。当教师提问"这个世界上唯一不变的是什么？"时，学生踊跃回答，如真理、石头、宇宙、时间等，但答案是"变化"，而化学研究的正是"变化"。这让学生初步理解化学所研究的是什么，明白化学这门科学是干什么用的，让学生对化学有一个初步的印象。

## 八、板书设计

| 主板书：<br>**绪　言**<br>一、化学的概念与研究对象<br>二、化学的发展史与近代化学发展的几个里程碑<br>三、当代化学的重要价值和我国化学发展的成就<br>四、化学的特点和魅力及化学的学习途径和方法 | 副板书：<br>从石器时代到今天的化学 |
| --- | --- |

第 一 章

# "物质及其变化"
# 教学设计

# 第一章整体规划

物质及其变化（7+1课时）

| 节/课时 | 具体内容与课时规划 | 备注 |
|---|---|---|
| 第一节<br>物质的分类及转化/<br>共2课时 | 第一课时：物质的分类、酸碱盐的概念及其性质、本节起到初高中衔接的作用。<br>第二课时：物质的转化（可以补充化合价、溶解度表等知识） | 1. 关注第一节，基于学生已有认知进行教学。<br>2. 建议第三课时增加"胶体透过滤纸不能透过半透膜"实验 |
| 第二节<br>离子反应/<br>2+1课时 | 第一课时：认识酸、碱、盐在水溶液中的电离、存在形态及符号表达。<br>第二课时：认识离子反应及其发生的条件。<br>第三课时：了解离子反应在实际中的应用（包含离子反应在分离提纯、检验鉴定、工业中的作用等，粗盐中离子的除杂，可参考上一版教材，$Cl^-$、$SO_4^{2-}$检验可调整到此） | 建议：课标中的必做实验在第三课时后完成，用化学沉淀法去除粗盐中的杂质离子并检验$Ca^{2+}$、$SO_4^{2-}$是否除尽（可以参考第二册P29）。第4课时根据学校课时决定是否安排 |
| 第三节<br>氧化还原反应/3课时 | 第一课时：从化合价角度认识化学反应——氧化还原反应。<br>第二课时：从化合价角度认识物质——能辨认常见氧化剂和还原剂。<br>第三课时：预测新物质的性质，如硫酸铁等物质，初步构建铁及其化合物的二维图，为第三章第一节的学习打基础 | 第一课时的物质和反应，主要选取铁及其化合物，为第三章铁及其化合物的学习打下基础 |

# 第一节　物质的分类及转化

## 第一课时　物质的分类

### 一、教学分析

#### （一）教材内容分析

本节教学内容选自人教版高中化学必修第一册第一章"物质及其变化"第一节"物质的分类及转化"第一课时。该部分的教学内容是学生在高中阶段最先接触的化学知识，从分类的角度出发，安排了"简单分类法及其应用"和"分散系及其分类"这两部分内容，在整个高中化学学习阶段起到了承前启后的作用。学生通过对分类方法的系统学习，可以分类梳理一下已经学习过的化学知识，将这些化学知识在头脑中进行系统化处理，同时利用对分散系进行分类的方法，学习胶体的基本性质，感悟分类法是一种行之有效、简单易行的科学方法。而在本章后续的学习过程中，学生还要利用这种方法学习化合物的分类、反应类型的分类等，这种方法将贯穿学生整个高中化学学习。

#### （二）学情分析

初中学生已学习了根据物质的组成和性质对纯净物进行分类，在此基础上利用树状分类法和交叉分类法对物质分类存在一定欠缺。学生在初中化学课上也都接触过溶液、乳浊液和悬浊液都是混合物，但还没从分散系的角度对混合物进行分类。本节课的学习既有利于初、高中的衔接，又为后面元素化合物知识的学习打下了基础。

### 二、教学目标

（1）通过对生活实例的反思，提炼分类的意义并能根据物质的组成和性质

对物质进行分类，初步形成基于物质类别研究物质性质的认知模型。

（2）通过对Fe（OH）₃胶体性质的讨论，能从微观粒子尺度和宏观性质相结合的角度解释相关自然现象；在实际问题的解决过程中，从宏观和微观相结合的视角完善基于物质类别研究物质性质的认知模型。

### 三、教学重难点

教学重点：掌握物质及分散系的分类方法，能够举例说明胶体的典型特征。

教学难点：建立宏观、微观视角下的分类标准。

### 四、教学方法

小组讨论法、问题驱动法、多媒体辅助法。

### 五、教学设计思路

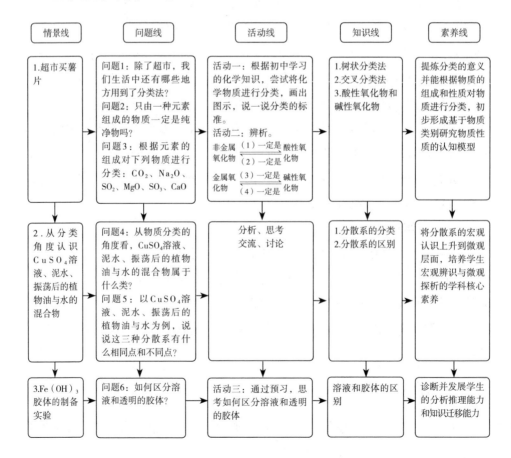

## 六、教学过程

### 学习任务一：必备知识

通过角色扮演——在超市买薯片的情境导入、引出分类法，再通过初高中衔接——活动一：学生尝试将化学物质分类，以及活动二的辨析，让学生参与课堂活动，充分调动学生的积极性，提升学生的合作能力和表达能力。设置的问题驱动，符合学生的认知。

| 教师活动 | 学生活动 | 设计意图 |
|---|---|---|
| 创设情境：如何在超市快速买到薯片？<br>展示超市用品： 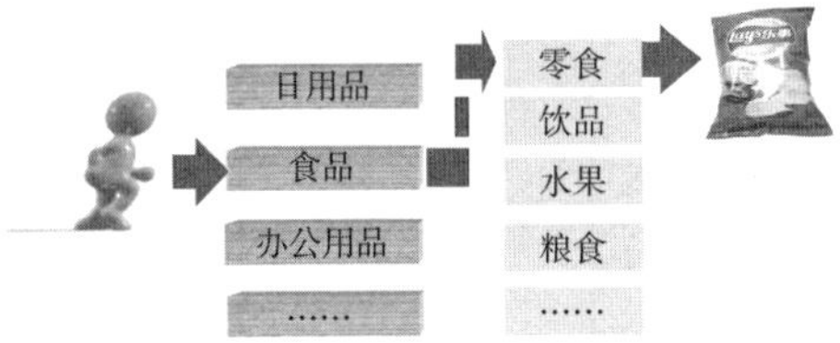<br><br>提出问题：除了超市，我们生活中还有哪些地方用到了分类法？<br>那么在化学学习过程中我们能不能利用分类的方法提高学习效率呢？<br>（板书：物质的分类） | 思考并举例生活中用到分类法 | 创设超市买薯片这一生活情境，吸引学生注意力，活跃开场气氛，并作为问题驱动推动学生学习 |
| 活动一：请同学们根据初中学习的化学知识，尝试将化学物质进行分类，画出图示，说一说分类的标准。<br>展示结果并小结： 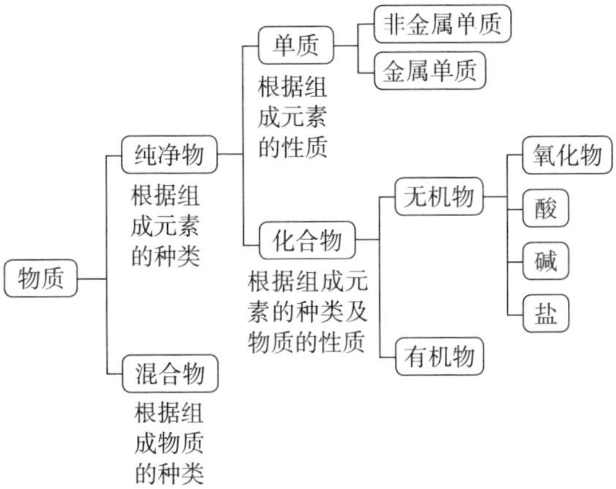<br> | 学生小组讨论，将化学物质分类，小组代表依次展示 | 学生小组讨论，让学生参与课堂活动，充分体现学生的主体地位，提升学生的合作能力和表达能力，诊断学生提取信息的关键能力 |

续 表

| 教师活动 | 学生活动 | 设计意图 |
|---|---|---|
| （1）树状分类法：对同类事物进行再分类的方法。<br>过渡：（辨析）只由一种元素组成的物质一定是纯净物吗？<br>引导学生小结同素异形体：由同一种元素形成的几种性质不同的单质。<br>思考与交流1：<br>根据元素的组成对下列物质进行分类：$CO_2$、$Na_2O$、$SO_2$、$MgO$、$SO_3$、$CaO$。<br>试分析它们的化学性质，还可以怎样分？<br>$CO_2+Ca（OH）_2 \rule[0.5ex]{2em}{0.4pt} CaCO_3\downarrow +H_2O$，<br>认识$SO_2$、$SO_3$的性质。<br>$MgO+2HCl \rule[0.5ex]{2em}{0.4pt} MgCl_2+H_2O$，<br>认识$CaO$、$Na_2O$的性质。<br>像上述与碱反应生成相应的盐和水的氧化物称为酸性氧化物，与酸反应生成相应的盐和水的氧化物称为碱性氧化物。<br>活动二：辨析。<br><br>非金属氧化物 $\dfrac{（1）一定是}{（2）一定是}$ 酸性氧化物<br><br>金属氧化物 $\dfrac{（3）一定是}{（4）一定是}$ 碱性氧化物<br><br>引导学生模型建构：<br><br>（2）交叉分类法：根据不同的分类标准对同一事物进行分类的方法，物质类别间有交叉部分 | 列举常见的同素异形体。<br>思考。<br><br><br><br><br><br><br><br>小组讨论，辨析 | 问题的驱动起着承上启下的作用。<br><br><br><br><br><br><br><br>让学生小组讨论辨析并举例，充分体现学生的主体地位，从而突破教学重点 |

引导学生模型建构处的图示：

非金属氧化物 — 酸性氧化物 — 金属氧化物

NO、CO等 — 氧化物 — $Al_2O_3$、$Na_2O_2$等

续　表

| 教师活动 | 学生活动 | 设计意图 |
|---|---|---|
| 思考与交流2：请你对以下四种物质进行分类，尽可能从多个角度进行分类。<br>引导学生认识正盐、酸式盐、碱式盐。<br><br>　钠盐　　　酸式盐　　碳酸盐　　　钡盐<br>Na$_2$CO$_3$　　NaHCO$_3$　　Na$_2$SO$_4$　　BaSO$_4$<br>　碳酸盐　　可溶性盐　　正盐　　硫酸盐 | 小组讨论并完成。 | 学习金字塔的最高效率是讲给别人听或者及时实践，及时的学习评价有助于学生及时掌握知识 |
| 学习评价一：<br>练习1：对下列酸用交叉分类法进行分类，并说出你的分类标准。<br>H$_2$SO$_4$、HCl、H$_2$CO$_3$、H$_3$PO$_4$ | 思考，完成练习 | |

## 学习任务二：分散系的分类

从物质分类的角度认识CuSO$_4$溶液、泥水、振荡后的植物油与水的混合物，从而引出分散系，对分散系的宏观认识上升到微观层面，培养学生宏观辨识与微观探析的学科核心素养。

| 教师活动 | 学生活动 | 设计意图 |
|---|---|---|
| 思考与交流1（宏观辨识）：从物质分类的角度看，CuSO$_4$溶液、泥水、振荡后的植物油与水的混合物属于什么类？<br>引导：<br>分散系：把一种（或多种）物质以粒子形式分散在另一种（或多种）物质中所得到的体系。<br>分散质：被分散的物质。<br>分散剂：起容纳分散质作用的物质。 | 思考回答。<br>思考。<br><br><br><br><br>分析、思考。 | 从分类角度认识分散系，呼应前面的教学，同时使复杂问题简单化。 |
| 思考与交流2（微观探析）：以CuSO$_4$溶液、泥水、振荡后的植物油与水为例，说说这三种分散系有什么相同点和不同点。<br><br>按分散质粒子直径分　液态分散系　1nm=1.0×10$^{-9}$m<br>　溶液　　　　胶体　　　浊液<br>　<1nm　　1~100nm　　>100nm<br>　　　　即10$^{-9}$~10$^{-7}$m<br><br>稳定性：稳定　　介稳性　　不稳定<br>胶体：分散质粒子的直径为1~100nm的分散系。<br>思考：根据分散剂的状态，可以将胶体如何分类？ | 分析、思考 | 对CuSO$_4$溶液、泥水、振荡后的植物油与水的混合物这三种分散系的宏观认识上升到微观层面，培养学生宏观辨识与微观探析的学科核心素养 |

### 学习任务三：科学探究（胶体的制备和性质）

通过设计方案鉴别宝石的真假，诊断并发展学生的知识迁移能力。

| 教师活动 | 学生活动 | 设计意图 |
|---|---|---|
| 播放Fe（OH）₃胶体制备的实验视频。<br>引导归纳Fe（OH）₃胶体的制备实验的注意事项。<br>活动三：通过预习思考如何区分溶液和透明的胶体。<br>学习评价二：胶体性质的应用。<br>练习2：某混合液中含泥沙、淀粉、氯化钠三种成分，如何将它们逐一分离开来？（提示：淀粉溶液是胶体） | 观看实验视频。<br><br>小组讨论并相互评价。<br>小组代表举手抢答汇报并自主评价 | 实验探究，培养学生科学探究与创新意识的学科核心素养。<br>诊断并发展学生的知识迁移能力 |
| 小结：分类法是一种行之有效、简单易行的科学方法。运用分类的方法不仅能使有关化学物质及其变化的知识系统化，还可以通过分门别类的研究，发现物质及其变化的规律。在认识事物时，运用多种分类方法，可以弥补单一分类方法的不足。交叉分类法和树状分类法是化学分类中常用的两种分类方法。 | 归纳反馈 | 感受分类法的重要性。 |
| 布置作业：利用胶体的有关知识解释下面的化学原理。<br>（1）咸鸡蛋又称盐蛋、腌蛋、味蛋等，是一种风味特殊、食用方便的再制蛋，是城乡民众爱吃的食物，方法是将鸡蛋逐个放进浓食盐水，腌制一段时间。<br>（2）血液透析，简称血透，通俗的说法也称为人工肾、洗肾，是血液净化技术的一种。它利用半透膜原理，通过扩散，将流体内各种有害以及多余的代谢废物和过多的电解质移出体外，达到净化血液、纠正水电解质及酸碱平衡的目的 | 完成作业 | 利用化学知识解决生活问题，同时巩固提高 |

## 七、教学反思

我对本节课的设计及实施有以下评价：

活动一，将化学物质进行分类，画出图示，说一说分类的标准；活动二，

辨析，$\underset{\text{氧化物}}{\text{非金属}} \overset{（1）一定是}{\underset{（2）一定是}{\rightleftharpoons}} \underset{\text{化物}}{\text{酸性氧}}$ 与 $\underset{\text{化物}}{\text{金属氧}} \overset{（3）一定是}{\underset{（4）一定是}{\rightleftharpoons}} \underset{\text{化物}}{\text{碱性氧}}$ ；活动三，如何

区分溶液和透明的胶体,充分体现学生的主体性。学生对物质分类的宏观认识上升到微观层面,提升宏观辨识与微观探析、证据推理与模型认知等学科核心素养。

在整个过程中,教师起到引导作用,不断开展师生互评、生生互评,让学生自主归纳、自主评价,注重学生学习能力的培养,符合新课程的教学理念。作业的设置回归生活,巩固提升的同时让学生意识到化学来源于生活并服务于生活。

## 八、板书设计

| 主板书:<br>第一章　第一节　物质的分类<br>一、化学分类方法<br>1. 树状分类法<br>2. 交叉分类法<br>二、分散系及其分类<br>1. 分散系<br>2. 胶体:分散质粒子直径在1~100 nm的分散系<br>3. 丁达尔效应 | 副板书:<br>$O_2$　　$O_3$ |
| --- | --- |

# 第二课时　物质的转化

## 一、教学分析

### (一)教材内容分析

本节教学内容选自人教版高中化学必修第一册第一章"物质及其变化"第一节"物质的分类及转化"第二课时。在物质分类的基础上,教材以"思考与讨论"的形式,引导学生复习酸、碱、盐的主要化学性质,如列举反应实例、说明反应类型等。这样安排的主要目的是通过活动的形式让学生进一步巩固初中化学的重点知识,加深学生对物质间发生化学反应规律的认识,为介绍物质之间的转化做准备。教材指出，考虑如何实现物质之间的转化时最基本的依据是化学变化过程中元素不会改变，这是化学的基本观念之一。随后，教材通过"思考与讨论"，以含Ca、C元素的物质为例，引导学生认识不同类别物质之间的转化关系及反应规律；同时强调，物质转化的价值在于制备人类生活和生产所需要的新物质，并指出工业生产中制取某种物质时要考虑的因素，目的是培养学生综合考虑问题的意识。这样编排既可以减轻学生进入高中化学学习的不适感，有利于激发学生的学习兴趣，又能够使学生站在更高的高度学习化学，有利于发展学生的化学学科核心素养。

（二）学情分析

通过初中阶段的学习，学生已经掌握一些典型物质的基本性质，涉及单质、氧化物（金属氧化物和非金属氧化物）、酸、碱、盐等物质类别。学生的知识是单一的、分散的，没有进行系统的整合，学生也就不能更清晰地认识其中所蕴含的规律。而高中阶段，学生将面临的不再是单一的物质，而往往是复杂的、实际的甚至是陌生的物质体系，更迫切地需要学科思想方法的指导，由此可分析学生的发展点：

（1）基于分类思想，构建化学知识框架，并在后续学习中不断丰富，形成化学学科学习的基本模式。

（2）认识物质转化的基本规律，将初中记忆性的思维模式进阶成高中阶段推理型的思维模式，提高学习兴趣。

（3）学会迁移，将本节的学习策略迁移至化学学科其他思想方法的学习过程中，在面对复杂陌生的化学问题时，能有理可循，有据可依。

## 二、教学目标

（1）总结酸、碱、盐、氧化物间反应的一般规律，领悟学习分类的意义，尝试从已知物质（如$CO_2$）的性质，通过类别演绎预测未知物质。

（2）通过归纳相关物质间的化学反应关系，建立物质转化的模型，并应用各类物质间的转化关系设计物质转化的路径。

## 三、教学重难点

教学重点：应用分类法建立各类物质间的转化关系、各物质的通性。

教学难点：应用各物质间的转化关系，设计物质转化的路径。

## 四、教学方法

小组讨论法、归纳演绎法、多媒体辅助法。

## 五、教学设计思路

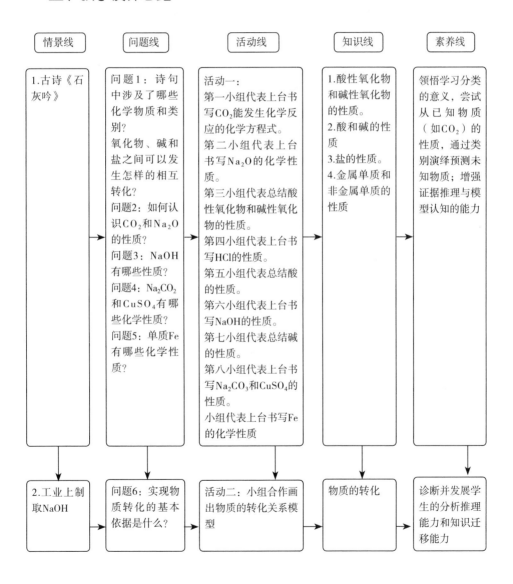

| 情景线 | 问题线 | 活动线 | 知识线 | 素养线 |
|---|---|---|---|---|
| 1.古诗《石灰吟》 | 问题1：诗句中涉及了哪些化学物质和类别？<br>氧化物、碱和盐之间可以发生怎样的相互转化？<br>问题2：如何认识$CO_2$和$Na_2O$的性质？<br>问题3：NaOH有哪些性质？<br>问题4：$Na_2CO_2$和$CuSO_4$有哪些化学性质？<br>问题5：单质Fe有哪些化学性质？ | 活动一：<br>第一小组代表上台书写$CO_2$能发生化学反应的化学方程式。<br>第二小组代表上台书写$Na_2O$的化学性质。<br>第三小组代表总结酸性氧化物和碱性氧化物的性质。<br>第四小组代表上台书写HCl的性质。<br>第五小组代表总结酸的性质。<br>第六小组代表上台书写NaOH的性质。<br>第七小组代表总结碱的性质。<br>第八小组代表上台书写$Na_2CO_3$和$CuSO_4$的性质。<br>小组代表上台书写Fe的化学性质 | 1.酸性氧化物和碱性氧化物的性质。<br>2.酸和碱的性质<br>3.盐的性质。<br>4.金属单质和非金属单质的性质 | 领悟学习分类的意义，尝试从已知物质（如$CO_2$）的性质，通过类别演绎预测未知物质；增强证据推理与模型认知的能力 |
| 2.工业上制取NaOH | 问题6：实现物质转化的基本依据是什么？ | 活动二：小组合作画出物质的转化关系模型 | 物质的转化 | 诊断并发展学生的分析推理能力和知识迁移能力 |

## 六、教学过程

**学习任务一：基于物质类别研究物质性质**

以古诗《石灰吟》创设情境引出物质的转化，激发学生学习兴趣的同时推动学习。学生基于物质类别小组合作研究物质性质，充分体现主体性，在学习中领悟分类法的意义。

| 教师活动 | 学生活动 | 设计意图 |
|---|---|---|
| 课前分组：将本班分为八个小组，实行分小组合作学习。<br>创设情境：古诗词中蕴含着丰富的化学变化,明朝的诗人于谦的《石灰吟》是一首托物言志诗，作者以石灰做比喻，表达自己为国尽忠、不怕牺牲的意愿和坚守高洁情操的决心。<br>诗句涉及哪些化学物质和类别？<br>氧化物、碱和盐之间可以发生怎样的相互转化？<br>（板书：物质的转化） | 朗诵《石灰吟》，思考、回答 | 古诗《石灰吟》创设情境，吸引学生注意力，活跃开场气氛，并作为问题驱动推动学习 |
| 思考与分析：如何认识$CO_2$和$Na_2O$的性质？<br>引导学生总结$CO_2$和$Na_2O$的性质。<br>引导学生总结酸性氧化物和碱性氧化物的性质：<br><br>酸性氧化物{ 酸性氧化物+水→酸 / 酸性氧化物+碱→盐+水 / 酸性氧化物+碱性氧化物→盐 }<br>碱性氧化物{ 碱性氧化物+水→碱 / 碱性氧化物+酸→盐+水 }<br><br>问题1：如何认识$H_2SO_3$的性质？<br>类比HCl的性质：<br>引导学生小结酸的性质：<br><br>酸{ 酸溶液能使指示剂变色 / 酸+金属→盐+氢气　置换反应 / 酸+碱→盐+水　复分解反应 / 酸+碱性氧化物→盐+水　复分解反应 / 酸+盐→新盐+新酸　复分解反应 } | 第一小组代表上台书写$CO_2$能发生化学反应的化学方程式。<br><br>第二小组代表上台书写$Na_2O$能发生化学反应的化学方程式。<br><br>第三小组代表总结酸性氧化物和碱性氧化物的性质。<br><br>第四小组代表上台书写HCl的性质。<br><br>第五小组代表总结酸的性质 | 基于物质类别小组合作研究物质性质，充分体现学生的主体性。学生在学习中领悟分类法的意义，尝试从已知物质（如$CO_2$）的性质出发，通过类别演绎预测未知物质，增强证据推理与模型认知的能力 |

| 教师活动 | 学生活动 | 设计意图 |
|---|---|---|
| 问题2：NaOH有哪些性质？<br>展示学生的成果并点评。<br>引导学生小结碱的性质：<br><br>碱 ── 碱溶液能使指示剂变色<br>　　　碱+酸→盐+水　　复分解反应<br>　　　碱+酸性氧化物→盐+水　复分解反应<br>　　　碱+盐→新盐+新碱　复分解反应 | 第六小组代表上台书写NaOH的性质。<br>第七小组代表总结碱的性质。 | 分别对酸、碱、盐的化学性质进行归纳整理，从而培养学生从物质类的视角研究物质的能力 |
| 问题3：$Na_2CO_3$和$CuSO_4$有哪些化学性质？<br>引导学生小结盐的性质：<br><br>盐 ── 盐+酸→新盐+新酸<br>　　　盐+碱→新盐+新碱<br>　　　盐+盐→新盐+新盐<br>　　　盐+金属→新盐+新金属 | 第八小组代表上台书写$Na_2CO_3$和$CuSO_4$的性质。 | |
| 问题4：单质Fe有哪些化学性质？<br>引导学生小结金属单质和非金属单质的性质：<br><br>金属单质 ── 金属+氧气→金属氧化物<br>　　　　　金属+酸→盐+氢气<br>　　　　　金属+盐→新盐+新金属<br><br>非金属单质 ── 非金属+氧气→非金属氧化物 | 小组代表上台书写Fe的化学性质 | 模型建构、学有所得、得有所用 |

**学习任务二：基于物质类别研究物质转化**

小组合作画出物质的转化关系模型，展示成果，师生互评、生生互评。

| 教师活动 | 学生活动 | 设计意图 |
|---|---|---|
| 引导学生画出物质的转化关系模型：<br><br>（物质转化关系模型图：金属 非金属 盐 盐+氢气 新盐+新金属 +O₂ 碱性氧化物 +O₂ 酸性氧化物 +H₂O 盐+水 +H₂O 碱 酸 新碱+新盐 新酸+新盐 盐 盐 两种新盐）<br><br>思考与分析：<br>（1）实现物质转化的基本依据：化学反应前后____种类不会改变。<br>（2）常见单质及其化合物的转化。<br>实例探究：<br><br>Ca —①→ CaO —②→ Ca（OH）₂ —③→ CaCO₃<br><br>C —④→ CO₂ —⑤→ H₂CO₃ —⑥→ CaCO₃<br><br>小结：部分金属单质 —O₂→ 碱性氧化物 —H₂O→ 碱 —酸或酸性氧化物→ 盐<br>部分非金属单质 —O₂→ 酸性氧化物 —H₂O→ 酸 —碱或碱性氧化物→ 盐<br>引导学生分析工业生产方法的选择：<br><br>考虑因素<br>反应进行的可能性 原料来源 成本高低 设备要求<br><br>例如工业上制取NaOH。<br>①不采用Na₂O与H₂O反应的原因：_____。<br>②主要采用_____。<br>③过去曾采用：Na₂CO₃+Ca（OH）₂══CaCO₃↓+2NaOH | 思考、讨论。<br>小组合作画出物质的转化关系模型。<br><br>展示成果并相互评价。<br><br>分析、思考。<br>分析、思考。<br><br>小组代表举手抢答。<br><br>归纳小结。<br><br>分析思考 | 通过归纳相关物质间的化学反应关系，建立物质转化的模型，并应用各类物质间的转化关系设计物质转化的路径，诊断并发展学生的分析推理能力和知识迁移的能力 |

续 表

| 教师活动 | 学生活动 | 设计意图 |
|---|---|---|
| 学生评价：<br>练习：<br>1. 下列变化不能通过一步化学反应实现的是（　　）<br>A. $BaCl_2 \rightarrow BaSO_4$　　　B. $CuO \rightarrow Cu(OH)_2$<br>C. $NaOH \rightarrow Na_2SO_3$　　　D. $MgSO_4 \rightarrow Mg(OH)_2$<br>2. 明朝于谦的《石灰吟》："千锤万凿出深山，烈火焚烧若等闲。粉骨碎身浑不怕，要留清白在人间。"请你从化学的视角，找出符合诗句中物质变化顺序的选项（　　）<br>A. $CaCO_3 \rightarrow Ca(OH)_2 \rightarrow CaO \rightarrow CaCO_3$<br>B. $CaCO_3 \rightarrow CaO \rightarrow C(OH)_2 \rightarrow CaCO_3$<br>C. $CaO \rightarrow Ca(OH)_2 \rightarrow CaO \rightarrow CaCO_3$<br>D. $Ca(OH)_2 \rightarrow CaCO_3 \rightarrow CaO \rightarrow CaCO_3$<br>3. 各物质间有着一定的转化关系，下列各组物质间可以按下图所示直接转化的是（　　）<br>物质A → 物质B → 物质C → 物质A<br>A. $Fe \rightarrow Fe_2O_3 \rightarrow FeSO_4 \rightarrow Fe$<br>B. $CO \rightarrow CO_2 \rightarrow H_2CO_3 \rightarrow CO$<br>C. $NaOH \rightarrow NaCl \rightarrow Na_2CO_3 \rightarrow NaOH$<br>D. $HCl \rightarrow CuCl_2 \rightarrow BaCl_2 \rightarrow HCl$<br>4. 一同学设计了两种$CuO \rightarrow Cu$的实验方案：<br>方案一：$Zn \xrightarrow{稀H_2SO_4} H_2 \xrightarrow{CuO} Cu$；<br>方案二：$CuO \xrightarrow{稀H_2SO_4} CuSO_4 \xrightarrow{Zn} Cu$。<br>大家认为方案二优于方案一，理由是：①节约能源；②Cu产率高；③产品纯净；④操作安全。其中，评价正确的是（　　）<br>A. ①②③　　　　B. ①②④<br>C. ①③④　　　　D. ②③<br>小结："各类物质的转化关系图"意义在于用于预测某种物质的性质及某种物质的制备，在今后的学习中我们尽可能将所学习的知识分类并构建一定的关系网，达到事半功倍的目的 | 思考、练习。<br><br><br><br><br><br><br><br><br><br><br><br><br><br>小组代表举手回答问题。 | 诊断并评价学生对物质分类及转化规律的掌握程度，体会分类观、转化观，在解决实际问题中的应用价值。<br><br><br><br><br><br><br><br><br><br><br>学练结合、巩固新知。 |
| 布置作业：<br>化学必修1-物质分类P13：5、6、7、8题 | 完成作业 | 为下节课的学习做好铺垫 |

## 七、教学反思

（1）学生对酸、碱、盐有一定的认识，但学习的知识比较单一、零散，没做过系统的总结，本节课的教学诊断和发展学生知识理解的广度。

（2）本课程设计以初中已学知识为基础，以常见非金属为载体，让学生认识物质之间相互转化的常见规律。

（3）活动的开展充分体现了学生的主体性，提升了学生证据推理与模型认知等学科核心素养，诊断并发展学生的分析推理能力和知识迁移能力。

在整个过程中，老师引导学生不断开展师生、生生之间的评价，还让学生自主归纳、自主评价，注重学生学习能力的培养，符合新课程的教学理念。

## 八、板书设计

| 主板书：<br>**第一章　第一节　物质的分类及转化**<br>三、基于物质类别研究物质性质<br>四、基于物质类别研究物质转化 | 副板书：<br>$H_2SO_3$ |
| --- | --- |

# 第二节　离子反应

## 第一课时　电解质的电离

### 一、教学分析

#### （一）课标分析

本节内容是"物质及其变化"的第二节"离子反应"的第一课时，这一课时的内容起到承上启下的作用，既通过第一节物质的分类对化合物进行分类，也为第二课时离子反应及其发生的条件打下基础，更重要的是让学生构建化学的微观和宏观辩证观。

**基本理念**：重视开展"素养为本"的教学。倡导真实问题情境的创设，开展以化学实验为主的多种探究活动，重视教学内容的结构化设计，激发学生学习化学的兴趣，促进学生学习方式的转变，培养他们的创新精神和实践能力。

**内容要求**：理解电解质和电离的概念。

**学业要求**：能从不同层次认识物质的多样性，并对物质进行分类。

#### （二）教材内容分析

本节教材内容是人教版化学必修1第一章第二节，是学生认识离子反应和离子方程式的起始课。首先，对酸、碱、盐在水溶液中的电离，在初中酸、碱、盐溶液的导电性实验的基础上，在介绍氯化钠、硝酸钾、氢氧化钠等固体分别加热至熔化也能导电之后，引入了电解质的概念；然后通过介绍氯化钠在水中的溶解和电离引出氯化钠电离方程式的书写，以及HCl、$H_2SO_4$、$HNO_3$三种酸的电离方程式的书写，并从电离的角度得出酸的定义；最后安排"思考与交流"活动，引导学生从电离的角度概括出碱和盐的本质。掌握好这一内容，既巩固了初中学过的电离初步知识，又为选修四电解质溶液的学习奠定了一定的基础，进而使学习者揭示和理解溶液中化学反应的本质。

### （三）学情分析

学生在初中化学中已经了解了氯化钠溶液可以导电，蔗糖溶液不导电，但是对于溶液导电的本质以及还有哪些物质能导电并不是很清楚，本课要充分利用学生的好奇心和求知欲，设计实验和问题情境，使学生在自主实验、积极思考和相互讨论中自己发现问题、分析问题和解决问题。学生已经学习了物质的分类，教师可以通过物质分类引导学生进行学习。学生在学习上可能会比较被动，在逻辑理解方面有一点困难，需要教师在课堂上加强引导。

## 二、教学目标

**知识目标：**

（1）通过对溶液导电性的分析，从宏观、微观、符号三个水平建立对电离的认识，培养学生宏观辨识与微观探析及科学探究与创新意识的学科素养。

（2）通过导电性实验了解电解质的概念；从电离的角度认识酸、碱、盐的本质；学会常见酸、碱、盐电离方程式的书写，培养学生证据推理与模型认知的学科素养。

（3）通过演示实验和分组实验，培养学生科学精神与社会责任的学科素养。

**能力目标：**

（1）通过对常见化合物导电情况的探究、总结，诊断并发展学生的实验探究水平（定性水平、定量水平）。

（2）通过对具体电解质与非电解质的判断和分析及对电离过程的自评、互评，诊断并发展学生对电解质及电离本质的认识水平（物质水平、微粒水平）和认识思路的结构化水平（视角水平、内涵水平）。

（3）通过对生活案例的讨论分析、总结提升，诊断并发展学生对化学价值的认识水平（学科价值视角、社会价值视角、学科和社会价值视角）。

## 三、教学重难点

（1）从宏观、微观、符号三个水平建立对电离的认识。

（2）理解电解质和非电解质的概念。

## 四、教学方法

小组讨论法、问题驱动法、多媒体辅助法（演示实验展台）。

## 五、教学设计思路

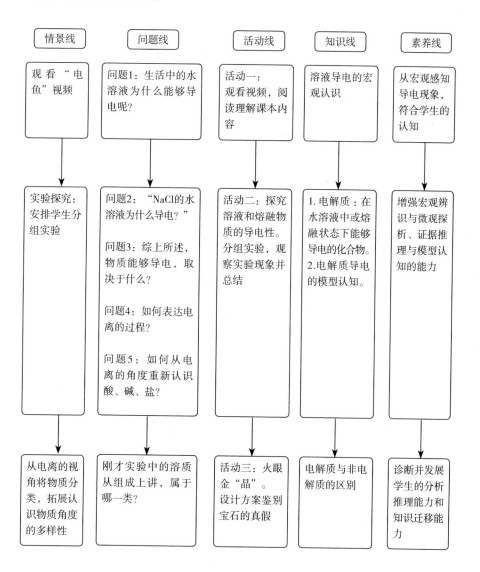

| 情景线 | 问题线 | 活动线 | 知识线 | 素养线 |
|---|---|---|---|---|
| 观看"电鱼"视频 | 问题1：生活中的水溶液为什么能够导电呢？ | 活动一：观看视频，阅读理解课本内容 | 溶液导电的宏观认识 | 从宏观感知导电现象，符合学生的认知 |
| 实验探究：安排学生分组实验 | 问题2："NaCl的水溶液为什么导电？"<br>问题3：综上所述，物质能够导电，取决于什么？<br>问题4：如何表达电离的过程？<br>问题5：如何从电离的角度重新认识酸、碱、盐？ | 活动二：探究溶液和熔融物质的导电性。分组实验，观察实验现象并总结 | 1.电解质：在水溶液中或熔融状态下能够导电的化合物。<br>2.电解质导电的模型认知。 | 增强宏观辨识与微观探析、证据推理与模型认知的能力 |
| 从电离的视角将物质分类，拓展认识物质角度的多样性 | 刚才实验中的溶质从组成上讲，属于哪一类？ | 活动三：火眼金"晶"。设计方案鉴别宝石的真假 | 电解质与非电解质的区别 | 诊断并发展学生的分析推理能力和知识迁移能力 |

## 六、教学过程

### 教学环节一：新课引入

| 教师活动 | 学生活动 | 设计意图 |
| --- | --- | --- |
| 创设情境：播放"电鱼"视频，并告知学生"电鱼"是违法的，因为这会造成很多鱼种减少，为什么会有鱼种伤害呢？<br>演示实验：用自制的导电性检测装置验证生活中的水溶液能够导电。<br>问题1：生活中的水溶液为什么能够导电？<br>相信通过本课的学习，同学们对这个问题会有更深刻的认识 | 根据常识回答，水是导电的。<br>思考：水中存在着什么样的粒子从而能够导电？<br>自主预习，思考课本图像。<br><br>NaCl放到水中→水分子与NaCl晶体作用→NaCl溶解并电离 | 用自制教具引起学生的兴趣，营造探究学习情境。通过观察思考，有主动提出问题的能力，明确问题研究的方向 |

### 教学环节二：实验探究，分析本质

| 教师活动 | 学生活动 | 设计意图 |
| --- | --- | --- |
| 活动一：探究溶液的导电性。<br>（实验探究）安排学生分组实验，用导电性检测仪探究1mol/L的盐酸、醋酸、氢氧化钠溶液、氨水溶液、氯化钠溶液、氯化钠固体、蔗糖、酒精溶液的导电性。<br><br>烧杯内为NaCl固体和KNO₃固体时，灯泡不亮，说明两固体不导电<br>碳棒　碳棒　烧杯内NaCl固体和KNO₃固体加水溶解时，灯泡变亮，说明两溶液导电<br><br>教师播放NaCl在水溶液中发生电离的视频，结束后提问："NaCl的水溶液为什么导电？" | 分组实验,用导电性检测仪探究1mol/L盐酸、醋酸、氢氧化钠溶液、氨水溶液、氯化钠溶液、氯化钠固体、蔗糖、酒精溶液的导电性，把结果填在学案上。<br>观看、思考、总结：盐酸、NaOH和NaCl等溶液能够导电，是因为溶质在水分子的作用下离解成自由移动的阳离子和阴离子 | 通过自主实验，感受哪些溶液导电，哪些不导电。<br><br>通过视频，学生直观感觉化合物的电离过程 |

**教学环节三：活动探究，模型认知**

| 教师活动 | 学生活动 | 设计意图 |
|---|---|---|
| 总结：电解质导电的模型认知。<br>（1）电解质水溶液导电模型。<br><br>阳离子<br>阴离子<br>与电源正极相连的电极 与电源负极相连的电极<br><br>（2）部分电解质熔融状态导电模型。<br><br>阳离子<br>与电源正极相连的电极 与电源负极相连的电极<br>阴离子 $H_2O$<br><br>活动二：课堂训练。<br>判断下列物质：<br>①$H_2SO_4$；②液氨；③氨水；④铝条；⑤氯化钠；⑥石墨；⑦氢氧化钡；⑧二氧化硫；⑨水；⑩$Na_2O$；⑪盐酸；⑫乙醇。<br>电解质：_____。<br>能导电的物质：_____。<br>由此可见，电解质与导电之间的关系为：<br>电解质_____能导电，导电的物质_____是电解质。（填"一定"或"不一定"）<br>点评学生答案，引导学生归纳总结 | 电解质的强弱与电解质溶液导电能力的强弱、溶解性没有必然联系。例如，$CaCO_3$的溶解度很小，其溶液导电能力很弱，但$CaCO_3$属于强电解质。溶液的导电能力取决于电荷浓度的大小，电荷浓度越大，导电能力越强。<br><br><br><br><br><br>各小组讨论，确定本组答案，并派代表回答 | 通过练习，加深学生对电解质、非电解质及导电的印象 |
| 活动三：电离过程的表示方法。<br>回顾：电解质在水溶液或熔化状态下能够导电的原因是电解质发生_____，产生了_____。 | 回答：电解质在水溶液或熔化状态下能够导电的原因是电解质发生了电离，产生了自由移动的阴阳离子 | |

续 表

| 教师活动 | 学生活动 | 设计意图 |
|---|---|---|
| 问题2：电解质的电离需要通电吗？<br>引入：电离过程还可以用化学符号来表示，如NaCl $=\!=\!=$ Na$^+$+Cl$^-$。<br>像这样，用化学式和离子符号表示电解质电离的式子叫作电离方程；左边写化学式，表示电解质还未电离；右边写离子符号，表示电解质电离产生的离子；中间用"$=\!=\!=$"隔开，书写时注意质量守恒和电荷守恒。<br>练习：写出下列各组物质的电离方程式，并从电离的角度归纳出酸、碱、盐的定义。<br>HCl＿＿＿＿＿＿＿＿＿<br>H$_2$SO$_4$＿＿＿＿＿＿＿＿＿<br>NaOH＿＿＿＿＿＿＿＿＿<br>Ba（OH）$_2$＿＿＿＿＿＿＿<br>BaCl$_2$＿＿＿＿＿＿＿＿＿<br>Na$_2$CO$_3$＿＿＿＿＿＿＿<br>Al$_2$（SO$_4$）$_3$＿＿＿＿＿<br>问题3：根据书写结果，请同学们从电离的角度归纳出酸碱盐的定义。<br>总结：其实，酸、碱、盐在水溶液中的反应实际上是它们电离产生的离子之间的反应 | 重新理解电离的定义，填写学案。<br>回忆思考，回答"不需要"。<br>理解电离方程式的书写规则，填写学案。<br><br>练习书写电离方式，各小组派代表到讲台上展示书写情况。<br><br>思考交流，归纳总结：<br>酸：电离时生成的阳离子全部是氢离子（H$^+$）的化合物叫作酸。<br>碱：电离时生成的阴离子都是氢氧根（OH$^-$）的化合物叫作碱。<br>盐：电离时生成的阳离子全部是金属离子或NH$_4^+$，阴离子全部是酸根离子的化合物叫作盐 | 根据电解质在水溶液中导电的原因，重新定义电离的概念。<br><br>知道电离方程式的书写方法。<br><br><br>通过书写常见酸、碱、盐的电离方程式，熟悉电离方程式的书写，并从书写中归纳出酸、碱、盐的定义。<br>为第二课时离子反应的条件做铺垫 |

## 七、教学反思

本节课电解质的概念理解起来有点难度，导致在讲电解质这块知识时，花费时间较多，学生对电解质导电的原因理解上有点困难，可用视频动画帮其理解。

（1）学生对于电解质的概念有了清晰的认识，但是对于非电解质还有不清楚的。对于酸、碱、盐的新概念的得出没有充分引导学生自主得出结论，学生对于盐的定义比较模糊，需要在以后的教学中充分调动学生自主参与的积极性。

（2）课时安排略显紧张，原因在于对学生已有知识预估不到位，花了太多时间在旧知识的复习上，需要在新课前做好铺垫工作。

（3）对于这次教学，主要是想通过电离让学生认识到电解质在水溶液中存在的形式是阴阳离子，从而为下节课离子反应方程式的书写第二步打下基础。从实际课堂看，有些学生还无法从微观粒子的角度去认识电解质溶液，这就导致第二节离子方程式的书写不正确，因此在以后的教学中，要加强学生的宏观辨识与微观探析核心素养观的培养。

## 八、板书设计

1. 电解质、非电解质。

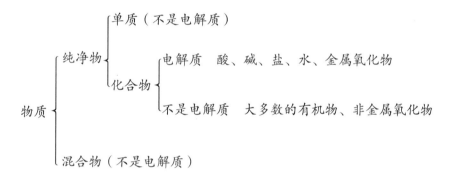

2. 电离方程式的书写。

3. 酸、碱、盐的定义。

# 第二课时　认识离子反应及其发生的条件

## 一、教学分析

### （一）教材分析

电解质的电离离子反应是高中化学必修课程中概念原理类的内容，是高一要学习的重点知识。该内容教学可安排两课时：第一课时的重点是形成认识化学反应的微观视角，认识酸、碱、盐等电解质在水溶液中或熔融状态下能发生电离，构建酸、碱、盐的概念。第二课时的重点是通过实验事实认识离子反应及其发生的条件，通过书写离子方程式认识化学反应的本质。

### （二）学情分析

学生刚刚进入高一学习，虽然有一定的归纳总结的能力，但分析的能力还不强，并且学生自主学习能力还不强，习惯于机械接受。为了避免这种情况，使学生的积极性、主动性得到发挥，我采用实验、启发、讨论、对比、归纳相结合的方式，使学生切实成为教学的主体，引导学生自主学习、探究学习。本节课在设计时遵循感性—理性—实践的认识规律。

## 二、教学目标

**知识目标：**

（1）通过从物质角度和离子角度分别认识发生在溶液中的反应，认识离子反应的定义。

（2）通过实验事实结合离子数目的变化，认识离子反应发生的条件。

（3）通过对已认识的离子反应的认识和归纳，学会初步判断不共存的离子。

**能力目标：**

（1）通过对化学反应本质的分析和交流，诊断并发展学生对化学反应认识的层次（宏观物质水平、微观离子水平）。

（2）通过对具体实验现象的辨识，诊断并发展学生实验操作及化学反应辨识的能力水平（宏观现象、微观原因）。

（3）通过对物质及其变化事实的认识，诊断并发展学生对化学反应本质的认识水平（物质水平、微粒水平）。

## 三、教学重难点

教学重点：

（1）用微粒观分析电解质溶液间的反应，利用离子方程式和电离方程式等准确表征电解质在水溶液中电离和反应的微观过程。

（2）能在宏观物质与微观粒子种类、数量和相互作用之间进行自主关联和转换，理解离子数量与物质宏观组成之间的关系，能从定量层面分析电解质溶液中离子的来源和相互作用。

（3）形成分析电解质在水溶液中行为的思路和方法，并能应用于分析和解决物质制备、分离提纯等相关实际问题。

教学难点：

（1）宏微结合，从定量层面分析离子的来源及相互作用。

（2）形成分析电解质在水溶液中行为的思路和方法，建立微粒观。

## 四、教学方法

### （一）教法

实验分析法：通过教师的演示，学生动手操作，观察分析实验现象，理解并掌握离子反应及其方程式的书写。

目标任务驱动法：创设问题意境，激发学习兴趣，调动学生内在的学习动力，促使学生在意境中主动探究科学的奥妙。

探究、归纳法：学生通过对问题的探究、讨论、实验、归纳，最终掌握离子方程式的书写方法。

信息技术与学科整合：运用先进的教学手段，将微观现象宏观化，有助于学生掌握离子反应。

### （二）学法

实验探究、思考归纳、总结、分析。

## 五、教学准备

实验仪器：试管、滴管、烧杯。

实验药品：硫酸铜溶液、氢氧化钠溶液、稀盐酸、碳酸钠溶液、酚酞溶液、氯化钡溶液、硝酸银溶液、稀硫酸。

电教设备：数字化实验、电脑、实物投影仪。

## 六、教学设计思路

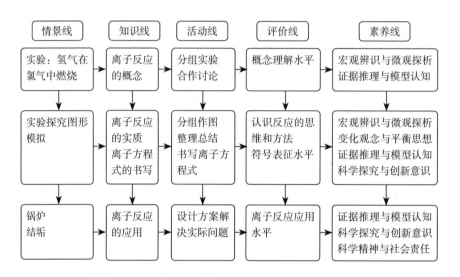

| 情景线 | 知识线 | 活动线 | 评价线 | 素养线 |
|---|---|---|---|---|
| 实验：氢气在氯气中燃烧 | 离子反应的概念 | 分组实验合作讨论 | 概念理解水平 | 宏观辨识与微观探析证据推理与模型认知 |
| 实验探究图形模拟 | 离子反应的实质离子方程式的书写 | 分组作图整理总结书写离子方程式 | 认识反应的思维和方法符号表征水平 | 宏观辨识与微观探析变化观念与平衡思想证据推理与模型认知科学探究与创新意识 |
| 锅炉结垢 | 离子反应的应用 | 设计方案解决实际问题 | 离子反应应用水平 | 证据推理与模型认知科学探究与创新意识科学精神与社会责任 |

## 七、教学过程

### 教学环节一：从微观角度认识溶液中的反应

| 教师活动 | 学生活动 | 设计意图 |
|---|---|---|
| 展示电解质溶液硫酸铜、氯化钡。<br>任务一：观察宏观现象，思考问题。<br>问题1：将两溶液混合前，溶质在形成溶液的过程中发生了什么变化？<br>问题2：溶液中微粒以何种形式存在？<br>学生实验1：硫酸铜和氯化钡反应混合。<br>问题3：如何证明溶液中$Cu^{2+}$、$Cl^-$的存在？<br>问题4：依据上述实验，可以得出什么结论？ | 观看并分析$CuSO_4\!=\!\!=\!\!=\!Cu^{2+}+SO_4^{2-}$<br>$BaCl_2\!=\!\!=\!\!=\!Ba^{2+}+2Cl^-$<br>产生沉淀：硫酸钡沉淀，依据溶解性表，硫酸钡难溶于水，$Ba^{2+}$，$SO_4^{2-}$数目减少。实验并观察现象。<br>溶液蓝色：证明溶液中存在铜离子。<br>结论：硫酸和氯化钡溶液混合，产生硫酸钡沉淀，溶液中$Ba^{2+}$、$SO_4^{2-}$数目减少，$Cu^{2+}$、$Cl^-$数目不改变（没有参与反应） | 延续上节课电离的概念，开始本节课的教学。<br><br>利用微粒观分析电解质溶液中微粒的存在、微粒之间的相互作用。<br><br>体会离子反应是离子数目的改变。<br><br>利用实验，证明我们的理论分析是正确的 |

**教学环节二：用化学符号表示微观反应过程**

| 教师活动 | 学生活动 | 设计意图 |
|---|---|---|
| 任务二：请分析下列电解质溶液间的反应，完成学案。<br>问题5：请你用图形以硫酸铜溶液和氯化钡溶液混合为例模拟反应过程。<br>问题6：请你结合图形用符号写出反应的化学方程式。你对离子反应有什么新的认识？离子间相互作用的条件是什么？ | 完成学案，书写离子方程式，体会离子反应。<br><br>宏观：产生沉淀、气体或水。深化对离子反应的认识 | 体会用图形和化学语言表达离子反应——离子方程式。<br>从电离的角度认识离子反应，深化对离子反应的认识，通过任务的完成，经历宏观—微观—宏观的思维过程，从而提升宏观辨识与微观探析的学科核心素养。通过归纳总结分析电解质在水溶液中行为的基本思路，形成解决相关问题的思维模型 |

**教学环节三：建构书写离子方程式的思维模型**

| 教师活动 | 学生活动 | 设计意图 |
|---|---|---|
| 1. 写：写出化学方程式。<br>第一步是写化学方程式，必须符合事实。<br>2. 拆：正确拆分。<br>讲解：书写离子方程式最关键的就是第二步，很多同学写错离子方程式就是第二步搞错了。这一步可称为"拆"，它指的是把易溶于水、易电离的物质写成离子形式，单质、难溶或难电离的物质以及气体等仍用化学式表示。<br>3. 删：删去方程式两边形式相同的离子。<br>4. 查：检查方程式两边各元素、原子个数和电荷数是否守恒，离子方程式两边的系数是否为最简比。<br>离子方程式的意义：离子方程式不仅可以表示某一个具体的化学反应，而且可以表示同一类型的离子反应 | 思考讨论：写出碳酸钙与盐酸反应的化学方程式和离子方程式。<br><br><br>思考，记录：用化学用语表示过程，即按照"写""拆""删""查"的步骤书写离子方程式 | 通过此任务，开展离子反应和离子方程式的概念教学。通过实验现象分析，提升学生宏微结合及科学探究素养。让学生从定性及定量角度深入认识溶液中微粒之间的相互作用 |

## 八、教学反思

本节课设置了6个问题，6个学生活动均采用小组合作学习。学生一起分析讨论问题、设计实验方案、验证实验、得出结论。通过这样的小组合作学习，课堂气氛活跃了很多，学生动脑、动口、动手，使课堂充满激情和自由，这样的教学模式直接影响着学生合作精神的培养，有利于学生发展核心素养。在教学环节一中，通过2个问题，引导学生按照宏观现象，结合溶解和电离理论分析物质微观粒子的存在形式，并通过实验搜集证据。在教学环节二中，教师引导学生按照建构的科学探究思维模型自主完成探究过程：提出猜想（硫酸和氢氧化钡发生反应后离子数量减少）→设计方案（利用手持技术测氢氧化钡溶液中电导率或者指示剂的颜色变化）→验证实验（电导率由大到小或颜色持续变化至不变）→得出结论（硫酸和氢氧化钡反应后离子数量减少）。在此过程中，教师重点关注学生由实验现象如何推理出结论，目的是发展学生基于实验证据推理得出结论的思维，增强学生证据推理意识。

　　本节课也有一些不足。预备将物质拆分作为一个难点让学生讨论，但在上课的过程中没有讲，结果做练习时发现学生对微溶物的处理不清楚，所以放在讲解练习的时候，让学生自己发现问题并且解决问题。课后思考留了一个污水中离子检验的题目，下课后有很多学生问这个题目，可见学生对化学在实际生活中的应用是很感兴趣的，所以以后的教学中要多联系实际。在上课的过程中如何引导学生主动思考，如何引发学生的兴趣也是一个值得思考的问题。

## 九、板书设计

一、离子反应

1. 概念：电解质在溶液中的反应实质是以离子的形式参加的反应。

2. 反应的条件：生成沉淀、气体、弱电解质等能使单位体积内离子数目减小的反应。

二、离子方程式

1. 以实际反应的离子符号表示反应的式子。

2. 书写技巧：写—拆—删—查。

三、离子方程式的意义

离子方程式不仅可以表示某一个具体的化学反应，而且可以表示同一类型的离子反应。

# 第三节　氧化还原反应

## 第一课时　氧化还原反应的特征和本质

### 一、教学分析

#### （一）教材内容分析

氧化还原反应是日常生活、工农业生产和现代科技中经常遇到的一类重要的化学反应，它贯穿中学化学学习的全过程，是学习中学化学的主线和关键之一。本节课教材安排在这里起承前启后的作用，既复习了初中的基本反应类型及氧化反应、还原反应的重要知识，并以此为铺垫展开对氧化还原反应较深层次的学习，又是今后学习金属的冶炼和防护、化学电源、元素以及化合物知识的重要纽带。

#### （二）学情分析

（1）学生在初中化学中已经学会通过生成物和反应物的种类和个数判定四种基本反应类型（化合反应、分解反应、复分解反应、置换反应），从具体的反应理解氧化反应和还原反应，但并没认识到氧化还原反应的本质特征；学习了化合价，知道元素周期表前20号元素的主要化合价，理解了化合价的变化，但并没有了解化合价变化的实质以及化合价的变化与电子转移之间的关系。

（2）学生在初中化学一年的学习中对化学知识有了初步了解，有一定的搜集和处理信息的能力、获取新知识的能力、分析和解决问题的能力以及交流与合作的能力，但仍有待提高。

## 二、教学目标

**知识目标：**

（1）通过对元素化合价的分析，认识氧化还原反应的规律，并能对常见的化学反应进行分类。

（2）基于元素化合价变化与电子转移的相关性，从微观上认识氧化还原反应的实质，能对其进行分析。

（3）通过讨论交流，找出四种基本反应类型与氧化还原反应的关系。

**能力目标：**

（1）通过交流和点评食品脱氧剂作用的探究实验，诊断并发展学生实验探究的水平。

（2）通过对具体氧化还原反应的判断和分析，诊断并发展学生对氧化还原本质的认识水平（物质水平、元素水平、微粒水平）。

（3）引导学生运用氧化还原反应原理设计方案，解决实际生活、生产问题，通过评价方案，诊断并发展学生对化学价值的认识水平（学科价值、社会价值）。

## 三、教学重难点

教学重点：理解氧化还原反应的特征和本质，形成认识化学反应的微观视角，建构氧化还原反应的认知模型。

教学难点：氧化还原反应本质——电子转移的分析。

## 四、教学方法

分别从得氧失氧角度、化合价变化角度、电子转移角度认识氧化还原反应，使学生积极主动地参与到课堂教学中，共同探索氧化还原的本质，充分体现学生的主体地位。

## 五、教学设计思路

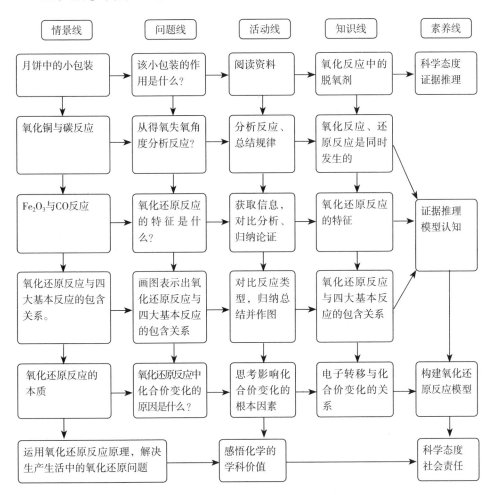

| 情景线 | 问题线 | 活动线 | 知识线 | 素养线 |
|---|---|---|---|---|
| 月饼中的小包装 | 该小包装的作用是什么？ | 阅读资料 | 氧化反应中的脱氧剂 | 科学态度证据推理 |
| 氧化铜与碳反应 | 从得氧失氧角度分析反应？ | 分析反应、总结规律 | 氧化反应、还原反应是同时发生的 | |
| Fe₂O₃与CO反应 | 氧化还原反应的特征是什么？ | 获取信息，对比分析、归纳论证 | 氧化还原反应的特征 | 证据推理模型认知 |
| 氧化还原反应与四大基本反应的包含关系。 | 画图表示出氧化还原反应与四大基本反应的包含关系 | 对比反应类型，归纳总结并作图 | 氧化还原反应与四大基本反应的包含关系 | |
| 氧化还原反应的本质 | 氧化还原反应中化合价变化的原因是什么？ | 思考影响化合价变化的根本因素 | 电子转移与化合价变化的关系 | 构建氧化还原反应模型 |
| 运用氧化还原反应原理，解决生产生活中的氧化还原问题 | | 感悟化学的学科价值 | | 科学态度社会责任 |

## 六、教学过程

| 教师活动 | 学生活动 | 设计意图 |
|---|---|---|
| （一）创设情境，引入新课 | 问题1：月饼盒的小包装中有什么物质？它的作用是什么？<br>实验探究食品脱氧剂的作用。<br>问题2：从得失氧的角度分析2CuO+C $\xrightarrow{\text{高温}}$ 2Cu+CO₂↑ | 利用真实情境素材引出问题。通过实验探究解决问题，诊断并发展学生实验探究的水平。初中知识构建，概念延伸，学会用发展的、对立统一的观点分析问题，形成对立统一的辩证唯物主义的观点 |

| 教师活动 | 学生活动 | 设计意图 |
|---|---|---|
| （二）分析特征，理解概念 | 问题3：氧化还原反应是否一定要有氧的参与？钠和氯气反应是不是氧化还原反应？<br><br>问题4：反应$Fe_2O_3+3CO\xrightarrow{高温}2Fe+3CO_2$、$CuO+H_2\xrightarrow{高温}Cu+H_2O$在得氧失氧的同时，元素的化合价是否发生了变化？<br><br>问题5：氧化还原反应的特征是什么？ | 对概念质疑和释疑。得出结论：并非只有得氧、失氧的反应才是氧化还原反应。消除先前概念对新概念形成的不利影响。<br>体验从特殊到一般，再从一般到特殊的认识问题的科学方法 |
| | 问题6：分析一些具体反应，找出氧化还原反应与四大基本反应的关系 | 小结氧化还原反应与四大基本反应的关系 |
| | 问题7：有单质参加或生成的化学反应一定是氧化还原反应吗？<br>分小组讨论画出氧化还原反应与四大基本反应的交叉分类示意图，教师投影学生图画并点评 | 进一步检测学生对于氧化还原反应特征的理解程度。<br>通过合作交流学会分析问题和解决问题 |
| | 课堂反馈练习，自我小结：如何判断一个反应是否为氧化还原反应 | 学会归纳总结问题 |
| （三）探究本质，验证实验 | 问题8：氧化还原反应中，元素化合价升降的原因是什么？ | 由宏观辨识到微观探析，层层深入 |
| | 实验探究反应$Fe+CuCl_2\xrightarrow{\quad}FeCl_2+Cu$，将铁和碳棒分别连接到电流表的正负极，再插入氯化铜溶液，观察电流表指针有无偏转，这说明了什么？ | 化学反应发生过程中有电流产生，即有电子转移。<br>激发学生学习兴趣，培养学生实验探究能力 |
| （四）构建模型，掌握方法 | 阅读教材P36，思考：<br>①氧化还原反应的本质是什么？<br>②氯化钠、氯化氢的形成过程有何不同？<br>③如何表示电子转移与化合价的升降？ | 培养学生自主学习的能力，让学生从微观理论的高度认识、理解氧化还原反应的本质。引导学生建构电子得失和电子对的偏移两种模型，培养学生抽象思维和逻辑思维能力 |
| | 观看微视频 | 抽象、重点知识重现，加深印象 |
| （五）归纳总结，学以致用 | 对比区分氧化还原反应的三个定义，对氧化还原反应进行全面、多角度的认识 | 进一步培养学生归纳总结的能力 |

续 表

| 教师活动 | 学生活动 | 设计意图 |
|---|---|---|
| （五）归纳总结，学以致用 | 自由发言：氧化还原反应在日常生活中、工农业生产中有哪些广泛应用？ | 联系生活实际，提高学生学习兴趣 |
| | 分小组讨论运用氧化还原反应原理，设计方案解决生产生活中的问题 | |
| （六）练习巩固，应用反馈 | 采用集体回答、个别回答、互相纠错等形式处理习题 | 巩固概念，学会应用 |

## 七、教学反思

（1）通过画四种基本反应类型与氧化还原反应的交叉分类示意图，小组内相互交流，投影学生所画之图，加深学生对知识的理解。

（2）通过实验探究得出氧化还原反应的本质，体现新课程教育理念和学生自主探究的学习方式。

（3）阅读环节引导学生观察双线桥，重点强调化合价变价数与电子转移数目的关系，为后续教学做好铺垫。

（4）本节课教学模式多样化，自制微课，通过动画形象描述微观粒子变化过程，帮助学生理解氧化还原反应的本质。

（5）本节课的实验容量较大，实验能力差的学生可能会感到吃力。

## 八、板书设计

氧化还原反应

1. 概念：

还原剂—失去电子—化合价升高—被氧化—氧化反应。

氧化剂—得到电子—化合价降低—被还原—还原反应。

2. 特征：有元素发生化合价改变——氧化还原反应的判断标准

3. 与四种基本类型反应的关系。

4. 本质：电子的转移（得失或偏移）。

# 第二课时 氧化剂和还原剂

## 一、教学分析

### （一）课标分析

**内容要求**：理解氧化剂、还原剂、氧化性、还原性的概念。

**学业要求**：能够用化合价变化和电子转移判断氧化剂和还原剂。

### （二）教材内容分析

本课时是教材第一章第三节第二课时内容，是氧化还原反应知识的深入。本课时是在学生已经建立氧化还原概念的基础上进行学习，通过化合价变化和电子转移，具体理解氧化还原反应中氧化剂和还原剂的概念、氧化性和还原性的概念和意义，进一步了解化合价与电子转移的关系，从而在理解的基础上深化对氧化还原反应的认识，为后面元素化合物的学习打下基础。通过本节课的学习，学生可以构建氧化还原反应的认知模型，促进宏观辨识与微观探析、变化观念与平衡思想等学科核心素养的发展。

### （三）学情分析

（1）学生在第一课时已经学习并理解了氧化还原反应的特征，能判断氧化还原反应的类型，形成了认识化学反应的微观视角，建构了氧化还原反应的认知模型。

（2）学生已经有了分析氧化还原反应本质——电子转移的能力。

## 二、教学目标

**知识目标**：

（1）从宏观上建立用化合价变化判断氧化剂和还原剂的思维，从微观上理解氧化剂和还原剂的本质区别是物质在反应中电子的转移（得失和共用电子对偏移）方向。

（2）培养科学探究意识和能力，通过对氧化还原反应的学习，体会从特殊到一般，再从一般到特殊的认识问题的科学方法，形成有序的科学探究意识。

（3）形成氧化剂、还原剂、氧化性以及还原性的化学概念，了解这些化学概念在生产生活中的应用，理解科学研究的目的是服务社会，体会化学工作者的社会责任。

**能力目标：**

（1）通过对具体氧化还原反应的分析，诊断和发展学生对氧化还原反应本质的认识水平（定性水平、定量水平）。

（2）通过对氧化剂和还原剂的分析，诊断和发展学生对氧化剂和还原剂概念的认识水平（内涵水平、外延水平）。

（3）通过对苹果氧化过程的分析和讨论，诊断并发展学生对化学价值的认识水平（学科价值视角、社会价值视角）。

## 三、教学重难点

教学重点：能够在简单氧化还原反应中找出氧化剂和还原剂，学会利用化合价来判断物质可能具有的氧化性和还原性，知道常见的氧化剂和还原剂。

教学难点：利用化合价来判断物质可能具有的氧化性和还原性。

## 四、教学方法

分析苹果氧化过程，学习氧化剂、还原剂。

## 五、教学设计思路

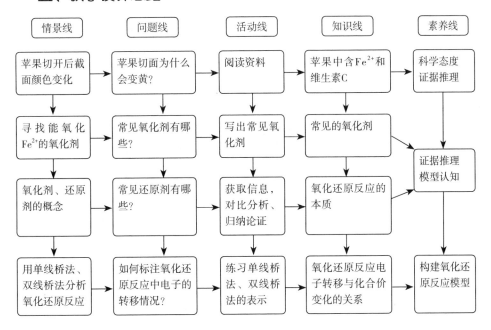

## 六、教学过程

| 教师活动 | 学生活动 | 设计意图 |
|---|---|---|
| （一）创设情境，引入新课 | 问题1：这是一个新鲜的苹果，现在把它切开，切面是比较白的，放置一会儿会有怎样的变化呢？<br>问题2：苹果切面颜色变暗的原因是什么？<br>教师准备资料卡片：苹果中的主要成分表 | 利用真实情境素材引出问题。<br>通过提取信息解决问题，诊断并发展学生实验探究的水平 |
| （二）分析特征，理解概念 | 问题3：能氧化$Fe^{2+}$的还有哪些物质？<br>问题4：什么叫氧化剂？常见的氧化剂有哪些？<br>问题5：什么叫还原剂？常见的还原剂有哪些？ | 对概念质疑和释疑。得出结论：<br>氧化剂：所含元素化合价降低，得电子的物质。<br>常见氧化剂：$Fe^{3+}$、$O_2$、$Cl_2$、$MnO_4^-$、$MnO_2$、浓硝酸、氯水、浓硫酸等。<br>还原剂：所含元素化合价升高，失电子的物质。<br>常见还原剂：维生素C、金属单质、$S^{2-}$、$I^-$、C、$H_2$、CO。体验从特殊到一般，再从规律到特殊的认识问题的科学方法 |
| | 问题6：氧化剂在氧化还原反应中被还原成什么产物？还原剂在氧化还原反应中被氧化成什么产物？ | 探究氧化还原反应中物质变化对应的产物及其中的规律 |
| （三）探究本质，实验验证 | 问题7：如何标注氧化还原反应中电子的转移情况？<br>分小组讨论：画出氧化还原反应的单线桥法或双线桥法表示 | 进一步检测学生对于氧化还原反应本质的理解程度。<br>让学生通过合作交流学会分析问题和解决问题 |
| | 课堂反馈练习：<br><br>双线桥法：氧化剂+还原剂➡还原产物+氧化产物<br><br><br>单线桥法：氧化剂+还原剂➡还原产物+氧化产物 | 由宏观辨识到微观探析，层层深入 |

| 教师活动 | 学生活动 | 设计意图 |
|---|---|---|
| （四）构建模型，掌握方法 | 练习：完成学案上的方程式双线桥或单线桥的相关表示 | 培养学生自主学习能力，让学生从微观理论的高度认识、理解氧化还原反应的本质。巩固学生建构物质电子转移的分析模型，培养学生抽象思维和逻辑思维能力 |
| （五）归纳总结，学以致用 | 问题8：氧化剂的氧化性与氧化产物氧化性比较，谁更强？<br>问题9：还原剂与还原产物的还原性比较，谁更强？ | 归纳总结：<br>氧化性：氧化剂>氧化产物。<br>还原性：还原剂>还原产物 |
| | 自由发言：氧化还原反应在日常生活、工农业生产中有哪些广泛应用？ | 理论联系实际，学以致用 |
| | 分小组讨论运用氧化还原反应原理，及氧化性还原性强弱的关系，设计方案解决生产生活中的问题 | |
| （六）练习巩固，应用反馈 | 采用集体回答、个别回答、互相纠错等形式处理习题 | 巩固概念，学会应用 |

## 七、教学反思

通过苹果氧化过程掌握氧化剂和还原剂得失电子的本质及化合价变化规律，总结氧化剂、还原剂的概念和常见物质。通过用单线桥法或双线桥法表示电子转移的方向和数目，更清晰地理解氧化还原反应的规律。本节课对科学精神与社会责任方面的素养落实还有所欠缺。

## 八、板书设计

### 氧化剂和还原剂

（1）氧化剂：所含元素化合价降低，得电子的物质。

常见氧化剂：$Fe^{3+}$、$O_2$、$Cl_2$、$MnO_4^-$、$MnO_2$、浓硝酸、氯水、浓硫酸等。

（2）还原剂：所含元素化合价升高，失电子的物质。

常见还原剂：维生素C、金属单质、$S^{2-}$、$I^-$、C、$H_2$、CO。

（3）双线桥法：氧化剂+还原剂→还原产物+氧化产物。

（4）单线桥法：氧化剂+还原剂→还原产物+氧化产物。

# 第三课时　氧化还原反应的规律及配平

## 一、教学分析

### （一）课标分析

内容要求：理解并掌握氧化还原反应的规律及配平。

学业要求：从微观角度理解氧化还原反应的本质及规律。

### （二）教材内容分析

本节课为第一章第三节"氧化还原反应"的第三课时，经过前面课时的学习，学生已经掌握了氧化还原反应的基本概念和标识电子转移的基本方法，能够准确标出化合价及其变化，部分学生已经掌握氧化还原反应的基本规律，所以这一课时要让学生学会氧化还原反应的配平，掌握解决氧化还原反应问题的基本能力。

### （三）学情分析

学生在之前的学习中已经初步理解了氧化还原反应的过程和原理，了解了元素化合价变化、电子得失和偏移等概念，对氧化剂还原剂、氧化性还原性、氧化产物还原产物等概念有一定的认知，现着重通过对一些复杂氧化还原反应的分析和对比，加深学生对这几组概念的理解，并使学生掌握其中的规律，帮助学生实现由知识储备到解题能力的转化。

## 二、教学目标

知识目标：

（1）通过氧化还原反应规律的应用，培养归纳推理能力。

（2）能应用氧化还原规律解决生产、生活中的一些实际问题，培养科学精神和体现学科价值。

能力目标：

（1）通过氧化还原反应配平过程的探究，诊断并发展学生解题思维模型构建水平。

（2）通过氧化还原反应的配平，诊断并发展学生对氧化还原反应本质的认识水平（物质水平、元素水平、微粒水平）。

## 三、教学重难点

教学重点：氧化还原反应方程式的配平原则和步骤。

教学难点：氧化还原反应方程式的配平技巧及运用。

## 四、教学方法

为了突破重难点，调动学生的思维，让学生积极参与到教学过程中，本节课采用探究式教学及多媒体辅助教学的方法。在教学过程中，通过探索氧化还原反应的配平方法和步骤，归纳总结解题思维模型，使学生积极主动地参与到课堂教学中，共同探索氧化还原反应的本质，充分体现学生的主体地位。

## 五、教学设计思路

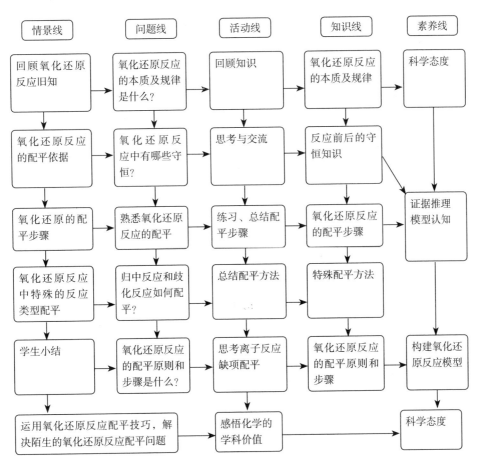

## 六、教学过程

| 教师活动 | 学生活动 | 设计意图 |
|---|---|---|
| （一）回顾旧知，引入新课 | 问题1：①什么是氧化剂、还原剂？②氧化还原反应的特征和本质是什么？③氧化还原反应的基本规律是什么？<br>归纳回顾：<br><br>失去电子—失 得—得到电子<br>化合价升高—升 降—化合价降低<br>发生氧化反应—氧 还—发生还原反应<br>做还原剂—还 氧—做氧化剂<br><br>（在复习每一基本概念时，不同的学生口述概念，进而针对遗忘情况适当复习） | 回归已学氧化还原反应的相关知识，为配平做铺垫。<br>用"升失氧还、降得还氧"八字口诀快速记忆氧化还原反应的相关概念和特征及本质 |
| （二）分析规律，寻找方法，总结步骤 | 问题2：①配平化学反应方程式的依据有哪些？②配平氧化还原反应方程式的一般步骤有哪些？③配平氧化还原反应方程式的关键是什么？<br>配平原则：①得失电子守恒；②原子守恒；③电荷守恒。<br>练习：下面依配平原则结合碳与硝酸的反应来讨论用化合价升降法配平的步骤 | 氧化还原反应中的守恒规律。<br><br>体验从特殊到一般，再从一般到特殊的认识问题的科学方法 |
| | 配平步骤：<br>（1）标价态：标出发生氧化反应和还原反应的元素的正负化合价。<br>$$\overset{0}{C}+H\overset{+5}{N}O_3（浓）\rightarrow \overset{+4}{N}O_2\uparrow+\overset{+4}{C}O_2\uparrow+H_2O$$<br>（2）列变化：标出反应前后元素化合价的变化。<br><br>化合价升高4<br>$$\overset{0}{C}+H\overset{+5}{N}O_3（浓）\rightarrow \overset{+4}{N}O_2\uparrow+\overset{+4}{C}O_2\uparrow+H_2O$$<br>化合价降低1<br><br>（3）求总数：依据电子守恒，使化合价升高和降低的总数相等 | 从学生熟悉的一般化学反应方程式配平入手引导学生自己总结基本方法 |

续 表

| 教师活动 | 学生活动 | 设计意图 |
|---|---|---|
| | 化合价升高4×1<br>$\overset{0}{C}+H\overset{+5}{N}O_3（浓）\rightarrow \overset{+4}{N}O_2\uparrow + \overset{+4}{C}O_2\uparrow + H_2O$<br>化合价降低1×4<br><br>（4）配系数：用观察法配平其他物质的化学计量数，配平后，把单线改成比线。<br><br>$C+ 4HNO_3 == 4NO_2\uparrow + CO_2\uparrow + 2H_2O$ | 小结氧化还原反应方程式配平的四步骤 |
| （二）分析规律，寻找方法，总结步骤 | 问题3：若是氧化还原反应的离子反应方程式反应还应遵循反应前后什么守恒？<br>价态变化规律：<br>（1）价态归中规律。含有不同价态的同种元素物质间发生氧化还原反应时，该元素的价态变化一定遵循"高价+低价→中间价"，即"价态相邻能共存，价态相间能归中，归中价态不交叉，价升价降只靠拢"。<br>归中反应方程式配平练习：<br>$H_2S+H_2SO_4 == SO_2+S\downarrow +H_2O$<br>（2）歧化反应规律。同一元素发生氧化还原反应生成不同价态的物质时，该元素的价态变化一定遵循"中间价态→高价态+低价态"，不会出现"一边倒"的现象，即生成物中该元素的价态不能都比反应物中该元素价态高，或都比反应物中该元素价态低，如：<br><br>$\overset{0}{Cl}_2+2NaOH == \overset{-1}{Na}Cl+ \overset{+1}{Na}ClO + H_2O$ | 离子反应方程式前后遵循电荷守恒：离子方程式中，反应物中各离子的电荷总数与产物中各离子的电荷总数相等。<br><br>通过一些特殊价态变化的氧化还原反应配平，进一步加深对氧化还原反应特征的理解 |
| | 课堂反馈练习，自我小结：如何配平氧化还原反应方程？ | 学会归纳总结解题思维，建立氧化还原反应配平解题模型 |

续 表

| 教师活动 | 学生活动 | 设计意图 |
|---|---|---|
| （三）归纳总结 | 问题4：氧化还原反应配平总结？<br><br>小结：氧化还原反应方程式配平的基本原则。<br><br>**配平三大原则**<br>电子守恒：氧化剂和还原剂得失电子总数相等，化合价升高总数=化合价降低总数<br>质量守恒：反应前后原子的种类和个数不变<br>电荷守恒：离子反应前后，阴、阳离子所带电荷总数相等 | 归纳总结<br><br>激发学生学习兴趣，培养总结能力 |
| （四）构建模型，掌握方法 | 小结："五步法"突破传统型氧化还原方程式的配平。<br><br>**配平五步骤**<br>标变价：标明反应前后变价元素的化合价<br>列得失：根据化合价的变化值，列出变价元素得失电子数<br>求总数：通过求最小公倍数使化合价升降总数相等<br>配系数：确定氧化剂、还原剂、氧化产物、还原产物的化学计量数，用观察法配平其他物质的化学计量数<br>查守恒：检查质量、电荷、电子是否守恒 | 培养学生自主学习能力、抽象思维和逻辑思维能力 |
| （五）练习巩固，应用反馈 | 采用集体回答、个别回答、互相纠错等形式处理习题 | 巩固概念，学会应用 |

## 七、教学反思

氧化还原反应规律性较强，可以培养学生的归纳推理能力。通过方程式配平可以培养学生解题思维模型的构建能力，对之后其他化学知识的学习和解题思维的形成有启发作用。但氧化还原反应方程式配平需要多训练，才能提高学生对氧化还原反应的理解水平和解题效率。

# 八、板书设计

氧化还原反应规律及配平

一、配平原则

1. 质量守恒原则

2. 电子守恒原则

3. 电荷守恒原则

二、配平方法

1. 标变价

2. 列变化

3. 求总数

4. 配系数

5. 查守恒

第二章

"海水中的重要元素——钠和氯"
教学设计

# 第二章整体规划

海水中的重要元素——钠和氯（9课时）

| 节/课时 | 具体内容与课时规划 | 备注 |
|---|---|---|
| 第一节<br>钠及其化合物/<br>共2课时 | 第一课时：整体认识+单质钠主要化学性质（与氧气、水的反应），过氧化钠的主要化学性质（与水、二氧化碳的反应）+熟悉物质间的相互转化。<br>第二课时：碳酸钠和碳酸氢钠的主要化学性质（与强酸的反应，加热分解反应）+焰色试验 | 1. 可以不介绍钠与盐溶液的反应，高三有机会可拓展。<br>2. 碳酸钠教学中用真实问题情境，了解侯德榜 |
| 第二节<br>氯及其化合物/<br>共3课时 | 第一课时：氯气与金属、非金属单质及水的反应。<br>第二课时：氯气与碱的反应、氯离子的检验。<br>第三课时：氯气的实验室制法 | 1. $Cl^-$检验前面的学习。<br>2. 考虑补充氯气的制备等知识 |
| 第三节<br>物质的量/<br>共3课时 | 第一课时：物质的量和摩尔质量。<br>第二课时：气体摩尔体积。<br>第三课时：物质的量浓度及配制一定物质的量浓度溶液的方法 | 1. 第三课时含必做实验，尽量在实验室上。<br>2. 围绕物质的量的计算是在不断地应用中熟悉的，注意，不可能让所有的学生都掌握，概念本身有陌生性 |
| 章末复习/共1课时 | 全章复习 | 略 |

# 第一节　钠及其化合物

## 第一课时　钠及其化合物（一）

### 一、教学分析

#### （一）课标分析

**内容要求：**掌握钠及其化合物的性质。

**学业要求：**掌握钠及其化合物的性质；以钠及其化合物知识的学习为线索，逐步形成金属及其化合物的研究思路。

#### （二）学情分析

初中化学介绍了一些常见金属的性质，以物理性质为主，化学性质涉及金属（铁、铝等）与氧气的反应，介绍了金属活动性顺序，使学生初步了解了金属与酸或盐溶液的反应规律。本节在初中介绍的金属与金属材料的基础上，进一步发展和提高。金属钠是一种典型的活泼金属单质，学生对其的了解甚少，通过学习可以丰富对金属单质的认识；同时在运用原子结构理论解释金属钠的性质，运用氧化还原反应、离子反应的规律理解过氧化钠、碳酸钠和碳酸氢钠性质的过程中，学生能将宏观现象与微观本质联系起来，逐步使自己的认识系统化。

在教学过程中，教师利用实验和视频，充分发展学生宏观辨识与微观探析、证据推理与模型认知等化学学科核心素养。

### 二、教学目标

**知识目标：**

（1）了解钠及其化合物的主要性质，正确书写有关的化学方程式。

（2）掌握过氧化钠与水、与二氧化碳的反应的实验探究及其用途。

（3）掌握碳酸钠和碳酸氢钠的性质对比及其用途。

（4）通过实验培养认真细致和严谨求实的科学态度。

（5）通过用途增强民族自豪感，培养爱国主义高尚情操。

**能力目标：**

（1）通过阅读课本实验，诊断学生提取信息的关键能力。

（2）通过预测实验现象和根据现象猜想结论，诊断并发展学生的分析推理能力。

（3）通过钠与水、与氧气，"滴水生火""吹气生烟"的实验，诊断并发展学生的实验探究和知识迁移能力。

## 三、教学重难点

（1）钠与水的反应、钠及其化合物。

（2）碳酸钠和碳酸氢钠的性质比较。

（3）钠与水反应的探究实验。

## 四、教学方法

分组讨论法合作法、实验探究法、问题驱动法、多媒体辅助法（演示实验展台）。

## 五、教学设计思路

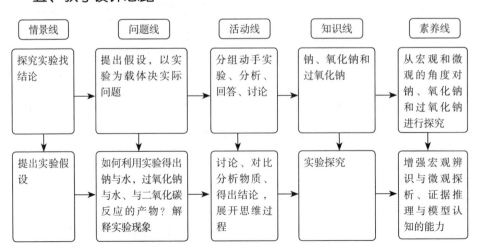

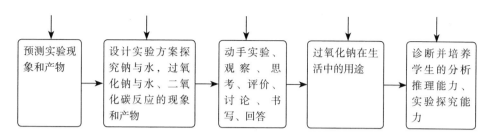

## 六、教学过程

### 教学环节一：创设情境，激发兴趣

| 教学环节 | 教师活动 | 学生活动 | 设计意图 |
|---|---|---|---|
| 引入 | 问题1：钠元素在自然界中都是以化合态的形式存在的，钠的单质可以通过化学反应制得，那么钠及其化合物都有哪些性质呢？ | 巩固旧知识、设疑引入新课。<br>思考问题 | 创设情境，激发学生学习兴趣，调动学生的学习积极性。通过任务驱动，让学生自主学习，并在自主学习中结合合作学习 |

### 教学环节二：探究问题，答疑解惑

| 教学环节 | 教师活动 | 学生活动 | 设计意图 |
|---|---|---|---|
| 探讨钠的物理性质 | 请同学们通过阅读课本和讨论后回答钠的物理性质 | 钠的物理性质：<br>亮：银白色、具有光泽、固体。<br>软：硬度小（用刀可切）<br>轻：密度0.97g/cm³<br>低：熔点低（97.81℃）、沸点低（882.9℃）。<br>导：热和电的良导体 | 提出问题，培养学生善于阅读课本的好习惯 |
| 探讨钠的化学性质 | 问题2：钠有哪些化学性质呢？请同学们根据结构决定性质的思维，预测单质钠的化学性质 | $\overset{Na}{\underset{+11}{\bigcirc}}$ 2 8 1<br>$\downarrow$<br>$\overset{Na}{\underset{+11}{\bigcirc}}$ 2 8<br>容易失去一个电子，具有很强的还原性，易与氧化剂反应，如氧气、水、酸溶液等 | 通过分析预测钠的性质，培养学生大胆猜想的能力 |

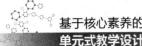

**教学环节三：实验探究，验证预测**

| 教学环节 | 教师活动 | 学生活动 | 设计意图 |
|---|---|---|---|
| 学习钠的重要化学性质 | 把学生分成八个组，四个组完成课本"实验2-1"钠与水的反应。<br>用镊子取一小块钠，用滤纸吸干表面的煤油后，用刀切去一端的外皮，观察钠的光泽和颜色，并注意新切开的表面所发生的变化。<br>四个组完成"实验2-2"钠与氧气的反应。<br>将一个干燥的坩埚加热，同时切取一块绿豆大的钠迅速投到热坩埚中，继续加热坩埚片刻，待钠熔化后立即撤掉酒精灯，观察现象 | 动手实验，记录实验现象，完成下表。<br><br>（图示：烧杯实验装置）<br><br>实验现象表：<br><table><tr><td>实验现象</td><td>分析及结论</td></tr><tr><td>浮</td><td>密度比水小</td></tr><tr><td>熔</td><td>反应放热，钠的熔点低</td></tr><tr><td>游</td><td>产生的气体推动钠球游动</td></tr><tr><td>响</td><td>反应剧烈，发出"嘶嘶"声</td></tr><tr><td>红</td><td>生成了强碱氢氧化钠</td></tr></table><br>原理：$2Na+2H_2O == 2NaOH+H_2\uparrow$<br><br>钠受热后熔化，然后与氧气剧烈反应，发出黄色火焰，生成一种淡黄色固体（$Na_2O_2$）。<br>$2Na+O_2 == 2Na_2O$（白色）<br>$2Na+O_2 \xrightarrow{\triangle} 2Na_2O_2$（淡黄色） | 通过亲自动手实验，看到同学们那个高兴的劲儿，激发学生的学习兴趣，培养学生的实验探究能力 |
| 探讨钠的化合物——氧化钠和过氧化钠的性质 | 设疑：常言道"滴水生火""吹气生烟"，大家知道是什么原理吗？把学生分成八个组，四个组完成过氧化钠"滴水生火"实验，另外四个组完成过氧化钠"吹起生烟"实验，并提问：如果向"滴水生火"实验产物中加几滴酚酞，有什么现象？ | 动手实验，记录实验现象，组内讨论"滴水生火"的实验产物、实验现象和结论并回答问题。"滴水生火"和"吹气生烟"实验都说明有氧气生成，向"滴水生火"实验产物中加几滴酚酞，产物变红，说明有碱生成 | 通过亲自动手实验，看到向包有过氧化钠的棉花团滴水燃烧现象和向包有过氧化钠的棉花团吹气燃烧的现象，激发学生的学习兴趣 |

续 表

| 教学环节 | 教师活动 | 学生活动 | 设计意图 |
|---|---|---|---|
| 应用氧化还原知识进一步证实结论 | 通过实验和结论引导学生书写两个实验的化学方程式，抽取两名学生上黑板书写，并指明氧化剂和还原剂 | $2Na_2O_2+2H_2O=4NaOH+O_2\uparrow$ <br> $2Na_2O_2+2CO_2=2Na_2CO_3+O_2\uparrow$ <br> 过氧化钠既是氧化剂也是还原剂 | 锻炼学生由实验现象得出结论，应用所学知识的能力，体现用宏观现象解释微观结构的核心素养 |
| 应用离子反应知识并加以巩固 | 抽学生把学生已经写好的化学反应改写成离子反应 | $2Na_2O_2+2H_2O=4Na^+ + 4OH^- + O_2\uparrow$ <br> 只有NaOH可以拆 | 通过离子方程式的书写，培养学生应用所学知识的能力 |
| 对比初中知识 | 回顾初中所学的氧化钠的性质，和过氧化钠的性质做一个对比 | (见下表) | 通过氧化钠和过氧化钠的性质和用途的对比，培养学生对比的思维能力，以便学生掌握过氧化钠的性质 |

| 项目 | 内容 | |
|---|---|---|
| 物质 | $Na_2O$ | $Na_2O_2$ |
| 颜色状态 | 白色固体 | 淡黄色固体 |
| 阳阴离子个数之比 | 2：1 | 2：1 |
| 氧元素价态 | -2价 | -1价 |
| 生成条件 | 常温 | 点燃 |
| 与水反应 | $Na_2O+H_2O$ <br> $=$ <br> $2NaOH$ | $2Na_2O_2+$ <br> $2H_2O=$ <br> $4NaOH+O_2\uparrow$ |
| 与$CO_2$反应 | $Na_2O+CO_2$ <br> $=$ <br> $Na_2CO_3$ | $2Na_2O_2+2CO_2$ <br> $=2Na_2CO_3+O_2$ |
| 主要用途 | | 供氧剂、漂白剂、氧化剂 |

**教学环节四：学以致用，知识迁移**

| 教学环节 | 教师活动 | 学生活动 | 设计意图 |
|---|---|---|---|
| 知识迁移、升华和应用 | 设疑、思考下列问题并积极讨论回答问题。<br> 问题3：钠能与盐酸反应吗？如果能反应，其化学方程式是什么？ | $2Na+2HCl=2NaCl+H_2\uparrow$ <br> 因为酸电离出来的$H^+$的浓度大于水中电离出来的$H^+$，所以钠先与酸反应，如果钠有剩余再和水反应 | 通过四个问题的设疑解惑，使学生落实科学研究 |
| | 问题4：钠能与硫酸铜溶液反应吗？如果能反应，其化学方程式是什么？ | $2Na+2H_2O=2NaOH+H_2\uparrow$ <br> $2NaOH+CuSO_4=$ <br> $Cu（OH）_2\downarrow+Na_2SO_4$ | |

续 表

| 教学环节 | 教师活动 | 学生活动 | 设计意图 |
|---|---|---|---|
| 知识迁移、升华和应用 | | 总反应为<br>$2Na+2H_2O+CuSO_4 ==$<br>$Cu（OH）_2↓+Na_2SO_4+H_2↑$ | 通过钠着火与灭火原理以及钠的保存方式引导学生学以致用 |
| | 问题5：金属钠着火能不能用水或干冰灭火？若不能，请说出原因及正确的灭火方法 | 钠是活泼的金属，燃烧时生成的过氧化钠能与水、二氧化碳反应生成氧气，使火势加剧，并且钠可以与水反应生成氢气，反应更加剧烈。钠着火，通常用干燥的沙土灭火 | |
| | 问题6：金属钠保存在哪里？ | 钠要与空气中的氧气和水分反应，所以钠保存在煤油中 | |

**教学环节五：归纳总结，收获满满**

| 教学环节 | 教师活动 | 学生活动 | 设计意图 |
|---|---|---|---|
| 本节课的收获 | 通过对钠及其化合物的性质和实验探究，请同学们回顾、思考、讨论后谈谈本节课获得了什么？ | （1）钠的物理性质和保存方法。<br>（2）钠的化学性质。<br><br>钠 $\begin{cases}$ 与非金属反应：$2Na+O_2 == 2Na_2O$（白色）<br>$2Na+O_2 \xrightarrow{\triangle} 2Na_2O_2$（淡黄色）<br>与水反应：$2Na+2H_2O == 2NaOH+H_2↑$<br>与酸反应：$2Na + 2HCl == 2NaCl+H_2↑$<br>与盐反应：$2Na+2H_2O+CuSO_4 ==$<br>$Cu（OH）_2↓+Na_2SO_4+H_2↑ \end{cases}$<br><br>（3）过氧化钠的性质。<br>$2Na_2O_2+2H_2O == 4NaOH+O_2↑$<br>$2Na_2O_2+2CO_2 == 2Na_2CO_3+O_2$ | 培养学生团结协作、归纳总结的能力 |
| 布置作业 | 1.复习今天所学内容。<br>2.课本P43第2、3、4题。<br>3.预习碳酸钠和碳酸氢钠及焰色试验 | 完成作业 | 为下节课的学习做好铺垫 |

## 七、教学反思

对于"钠及其化合物"一节，每次讲完后还是有些不满意的地方，所以每次讲完都会及时对一些不满意的地方加以修改，到现在觉得还有可以进一步改进的地方。下面主要从几个方面对我的这节教学进行反思。

### （一）紧扣课本知识，注重课本基础

这节课主要是以教材内容组织教学，不强调知识系统性，但强调学习方法的指导，尤其是教学实验的设计很有特点，钠与水反应、钠与氧气的反应、"滴水生火""吹气生烟"四个学生实验大大激发了学生的学习兴趣。

### （二）动手实验探究，激发学习兴趣

自主探索与合作交流是学生学习化学的重要方式。四个实验的解释是让学生提出假设，预测实验现象和结论，在此基础上进行分组实验，并对实验中的各种现象进行分组讨论分析。对全班进行分组，进行对比实验，选好代表回答问题，这样既节约了时间，又使学生获得了自主探索的乐趣，同时使学生学会了合作学习。

### （三）抓住有效时间，及时复习相关知识

课堂抓住有效教学时间，及时复习了前段时间刚刚学过的离子反应方程式的书写。也可以根据时间进一步复习电子转移的表示方法，使前后知识贯通，产生很好的教学效果。尤其是现在的学生学习积极性和主动性均不高，记忆知识慢，经常是前边学后边忘，教师有必要根据教学内容及时复习巩固学过的知识。

总之，教学是一个动态的过程，同一节课有多种不同的上法，而且上法的不同会产生不同的教学效果，这就需要每位教师努力去探索、去思考、去改进。

## 八、板书设计

| 主板书：
1.金属钠的性质
物理性质：亮、软、轻、低、导
化学性质：
（1）与水反应。
（2）与非金属反应。
（3）与酸反应。
（4）与盐反应。

| 项目 | 内容 | |
| --- | --- | --- |
| 物质 | $Na_2O$ | $Na_2O_2$ |
| 颜色状态 | 白色固体 | 淡黄色固体 |
| 氧化物的类型 | 碱性氧化物 | 过氧化物 |
| 阳阴离子个数之比 | 2：1 | 2：1 |
| 氧元素价态 | −2价 | −1价 |
| 生成条件 | 常温 | 点燃 |
| 与水反应 | | |
| 与$CO_2$反应 | | |
| 主要用途 | | 供氧剂、漂白剂、氧化剂 |

副板书：

$2Na+2H_2O == 2NaOH+H_2\uparrow$

$2Na+O_2 == 2Na_2O（白色）$

$2Na+O_2 \overset{\triangle}{==} 2Na_2O_2（淡黄色）$

$2Na+2HCl == 2NaCl+H_2\uparrow$

$2Na+2H_2O+CuSO_4 == Cu（OH）_2\downarrow +Na_2SO_4+H_2\uparrow$

$Na_2O+H_2O == 2NaOH$

$2Na_2O_2+2H_2O == 4NaOH+O_2\uparrow$

$Na_2O+CO_2 == Na_2CO_3$

$2Na_2O_2+2CO_2 == 2Na_2CO_3+O_2$

# 第二课时　钠及其化合物（二）

## 一、教学分析

### （一）课标分析

内容要求：掌握碳酸钠和碳酸氢钠的性质对比、焰色试验。

学业要求：掌握碳酸钠和碳酸氢钠的性质，以钠及其化合物知识的学习为线索，逐步形成金属及其化合物的研究思路。

（二）学情分析

初中化学介绍了一些常见化合物——碳酸钙、碳酸钠的溶解性，与酸反应等性质，本节课在初中所学知识的基础上，继续探究碳酸钠和碳酸氢钠的性质。学生能将宏观现象与微观本质联系起来，逐步使自己的认识系统化。本节课将充分发展学生宏观辨识与微观探析、证据推理与模型认知等化学学科核心素养。

## 二、教学目标

知识目标：

（1）了解焰色试验。

（2）掌握碳酸钠和碳酸氢钠的性质对比及其用途。

（3）通过实验培养认真细致和严谨求实的科学态度。

（4）通过用途增强民族自豪感，培养爱国主义的高尚情操。

能力目标：

（1）通过碳酸钠和碳酸氢钠的性质对比，诊断学生动手实验的关键能力。

（2）通过实验的评价，诊断学生归纳总结和分析推理的能力。

（3）通过补充碳酸钠和碳酸氢钠与酸、碱、盐的反应实验，诊断并发展学生的分析推理能力和知识迁移能力。

## 三、教学重难点

教学重点：碳酸钠和碳酸氢钠的性质对比。

教学难点：焰色试验。

## 四、教学方法

分组讨论法、合作法、实验探究法、问题驱动法、多媒体辅助法（演示实验展台）。

## 五、教学设计思路

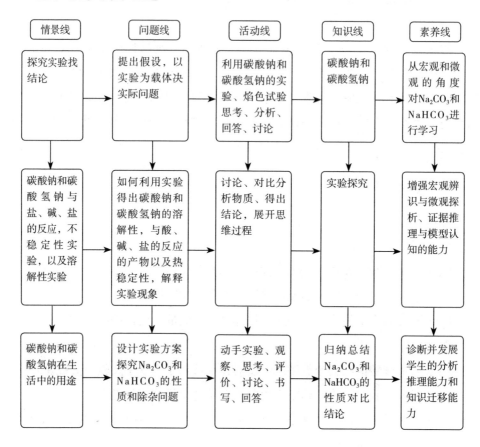

| 情景线 | 问题线 | 活动线 | 知识线 | 素养线 |

探究实验找结论 → 提出假设，以实验为载体决实际问题 → 利用碳酸钠和碳酸氢钠的实验、焰色试验思考、分析、回答、讨论 → 碳酸钠和碳酸氢钠 → 从宏观和微观的角度对$Na_2CO_3$和$NaHCO_3$进行学习

碳酸钠和碳酸氢钠与盐、碱、盐的反应，不稳定性实验，以及溶解性实验 → 如何利用实验得出碳酸钠和碳酸氢钠的溶解性，与酸、碱、盐的反应的产物以及热稳定性，解释实验现象 → 讨论、对比分析物质、得出结论，展开思维过程 → 实验探究 → 增强宏观辨识与微观探析、证据推理与模型认知的能力

碳酸钠和碳酸氢钠在生活中的用途 → 设计实验方案探究$Na_2CO_3$和$NaHCO_3$的性质和除杂问题 → 动手实验、观察、思考、评价、讨论、书写、回答 → 归纳总结$Na_2CO_3$和$NaHCO_3$的性质对比结论 → 诊断并发展学生的分析推理能力和知识迁移能力

## 六、教学过程

### 教学环节一：创设情境，激发兴趣

| 教学环节 | 教师活动 | 学生活动 | 设计意图 |
|---|---|---|---|
| 引入 | 问题1：上节课探究了金属钠及其化合物——过氧化钠的性质，如果把黄豆粒大小的金属钠放在空气中一段时间会发生哪些反应？<br>问题2：碳酸钠和碳酸氢钠有什么性质呢？ | 温故知新，设疑引入新课，讨论、思考问题。<br>$2Na+O_2 == 2Na_2O$<br>$Na_2O+H_2O == 2NaOH$<br>$2NaOH+CO_2 == Na_2CO_3+H_2O$ | 创设情境，激发学生学习兴趣，调动学生的学习积极性。通过任务驱动，让学生自主学习，并在自主学习中结合合作学习 |

### 教学环节二：探究问题，答疑解惑

| 教学环节 | 教师活动 | 学生活动 | 设计意图 |
|---|---|---|---|
| 碳酸钠和碳酸氢钠性质探究 | 科学探究：引导学生阅读课本"实验2-4"完成下列实验，并将实验现象和相应的结论填入下表，另外教师增加了部分实验，准备了八组学生实验，由学生按照顺序完成，并得出结论填在此表中。<br><br>**实验过程 / 现象 / 结论**<br><br>（1）在两支试管里分别加入少量碳酸钠和碳酸氢钠固体（各约1g），再分别滴入1mL水，振荡试管，用手摸一摸试管底部，感受温度变化 — 前者（盛碳酸钠的试管）底部温度升高，后者（盛碳酸氢钠的试管）感觉不到温度变化 — 碳酸钠溶于水放热<br><br>（2）继续向两支试管内分别加入10mL水，用力振荡，观察现象 — 前者振荡后完全溶解，后者未完全溶解，呈浑浊状 — 溶解性：碳酸钠＞碳酸氢钠<br><br>（3）向两支试管内分别加入1～2滴酚酞溶液，观察现象 — 前者溶液变红，颜色较深；后者溶液变为浅红色 — 溶液的碱性：碳酸钠溶液＞碳酸氢钠溶液<br><br>（4）向两支分别盛有碳酸钠溶液和碳酸氢钠溶液的试管中加入氯化钙溶液，观察现象 — 前者溶液变浑浊，后者溶液无明显变化 — 碳酸氢钠与氯化钙溶液不反应<br><br>（5）向两支分别盛有碳酸钠溶液和碳酸氢钠溶液的试管中逐渐滴加稀盐酸，观察现象 — 前者开始无气泡，一段时间后有气泡冒出；后者立刻产生气泡 — 碳酸钠溶液与盐酸反应的过程：$CO_3^{2-}+H^+ \!\!=\!\!= HCO_3^-$ $HCO_3^-+H^+ \!\!=\!\!= H_2O+CO_2\uparrow$<br><br>NaHCO₃ Na₂CO₃<br>稀盐酸<br>NaHCO₃ Na₂CO₃ | 小组合作。<br><br>实验操作。<br><br>实验现象。<br><br>实验结论。<br><br>知识建构 | 通过设置一系列探究任务，激发学生操作欲望，增强学生学习动力，从而使学生更好地完成学习任务，达到高效的学习效果。<br><br>通过了解用途增强学生的民族自豪感，培养学生爱国主义的高尚情操 |

续 表

| 教学环节 | 教师活动 | | | 学生活动 | 设计意图 |
|---|---|---|---|---|---|
| 碳酸钠和碳酸氢钠性质探究 | 实验过程 | 现象 | 结论 | 知识升华 | |
| | （6）稳定性 <br>（实验装置图） | 1号试管中澄清石灰水变浑浊，2号试管中澄清石灰水没有变浑浊。提问：发馒头是什么原理？ | 碳酸钠受热不分解；碳酸氢钠受热分解，方程式为 $2NaHCO_3 \xrightarrow{\triangle} CO_2\uparrow + H_2O + Na_2CO_3$ 发馒头体现了碳酸氢钠的不稳定性：受热分解产生二氧化碳，使馒头蓬松 | | |

　　根据以上探究活动引导学生分析碳酸钠和碳酸氢钠的用途，并让学生了解焰色试验。

| 教学环节 | 教师活动 | 学生活动 | 设计意图 |
|---|---|---|---|
| 用途 | 碳酸钠和碳酸氢钠有哪些用途呢？ | 碳酸钠是一种重要的化工原料，具有广泛的用途，如制肥皂、制玻璃、去污剂。碳酸氢钠用来治胃酸过多、发馒头、做灭火剂 | 培养学生的探究精神和归纳总结能力 |
| 焰色试验 | 钠燃烧的火焰呈黄色，很多金属或它们的化合物在灼烧时火焰都会呈现出特征颜色。什么叫作焰色试验？ | 阅读课本"实验2-6"概念：<br>焰色试验：物理变化实验步骤为洗→烧→蘸→烧→洗。<br>一些金属元素的焰色如下： | 培养学生的动手实验能力 |
| | 焰色试验的用途有哪些？ | 归纳用途 | |

**教学环节三：学以致用，知识迁移**

| 教学环节 | 教师活动 | 学生活动 | 设计意图 |
|---|---|---|---|
| 知识应用 | 设疑、思考下列问题，尽量用文字描述，并写出过程中涉及的离子方程式。<br>问题3：分别向碳酸钠和碳酸氢钠溶液中滴加盐酸，都能立刻产生气体吗？ | 不一定。<br>$CO_3^{2-} + H^+ \rightleftharpoons HCO_3^-$<br>$HCO_3^- + H^+ \rightleftharpoons H_2O + CO_2\uparrow$<br>碳酸钠与氯化氢反应要经过这两步才能产生气体，而碳酸氢钠和氯化氢反应可以立刻产生气体 | 落实科学研究，让学生通过所学知识解决实际问题，达到知识迁移、提升学科价值和学生素养，提高学生解决问题能力 |
| | 问题4：如何用盐酸鉴别这两种物质？<br><br>A<br><br>B | 取少量两种待测液于试管中同时滴加盐酸，立刻产生气体的是碳酸氢钠（B），后产生气体的是碳酸钠（A） | |
| | 问题5：分别向碳酸钠和碳酸氢钠溶液中滴加少量氢氧化钡溶液发生反应的离子方程式 | $Ba^{2+}+CO_3^{2-} \rightleftharpoons BaCO_3\downarrow$<br>$Ba^{2+}+2HCO_3^-+2OH^- \rightleftharpoons$<br>$BaCO_3\downarrow + CO_3^{2-}+2H_2O$<br>技巧：少定多来配，谁少谁为一。 | 通过四个问题的设疑解惑，使学生对碳酸钠和碳酸氢钠的认识比较全面 |
| | 问题6：如何除去混合物中的杂质？（括号内为杂质）<br>$Na_2CO_3$固体（$NaHCO_3$）<br>$Na_2CO_3$溶液（$NaHCO_3$）<br>$NaHCO_3$溶液（$Na_2CO_3$） | 通过小组讨论对应答案为：<br>加热<br>$NaOH$溶液<br>通入足量$CO_2$ | |

**教学环节四：归纳总结，收获满满**

| 教学环节 | 教师活动 | 学生活动 | 设计意图 |
|---|---|---|---|
| 对钠的化合物——碳酸钠和碳酸氢钠的性质探究做出总结 | 请同学们回顾、讨论后对本节课所学知识进行归纳总结 | $Na_2CO_3$ $NaHCO_3$ 物理性质比较 化学性质比较 与酸反应 与碱反应 与盐反应 热稳定性比 用途 焰色试验：钠——黄色，钾——紫色（透过蓝色钴玻璃） | 培养学生对所学知识进行归纳总结的能力 |
| 作业布置 | 请同学们阅读必修第一册课本P40科学史话——侯德榜和侯氏制碱法，并写出侯氏制碱法的原理 | 完成作业 | 让学生了解科学史以及纯碱的生产历史，增强学生的民族自豪感，培养学生爱国主义的高尚情操 |

## 七、教学反思

对于"钠及其化合物"中碳酸钠和碳酸氢钠这一节的教学，讲完后感觉还是有些不足的地方，所以不断对比，不断修改。下面主要从几个方面对这节课的教学进行反思。

（1）创设生活情境，激发探究欲望。本节课多处创设生活情境——把黄豆粒大小的金属钠放在空气中一段时间会发生哪些反应？由此引入碳酸钠和碳酸氢钠。

（2）动手实验探究，激发学习情趣。自主探索与合作交流是学生学习化学的重要方式。例如关于碳酸钠和碳酸氢钠溶解性的热稳定性比较实验，补充实验与酸、碱、盐的反应，由于课堂时间有限，特地将全班分成五个大组，每一个组完成一个实验，然后进行对比实验，由各组派代表对实验原理进行说明、分析和评价。这样既节约了时间，又使学生获得了自主探索的乐趣，同时使学生学会了合作学习。

（3）培养学生的问题意识。问题能给学生的思维以方向和动力，不善于发现、提出和解决问题的学生是不可能具有创新精神的。

（4）抓住有效时间，及时复习相关知识。课堂抓住有效教学时间，及时复习了前段时间刚刚学过的离子反应方程式的书写产生了很好的教学效果。尤其是现在的学生学习积极性和主动性均不高，记忆知识慢，经常是前边学后边忘，教师有必要根据教学内容让学生及时的复习巩固学过的知识。

（5）自主学习需要教师监控和检验效果。例如离子方程式的掌握情况，要进行小测来监控，否则容易出现放羊效应，有的学生认真自主学习，有的学生就会放弃，产生两极分化的结果，今后应进一步加强。课堂尽可能多叫学生上黑板书写，教师根据学生书写情况及时更正错误。这样有利于书写学生和犯同样错误的其他学生加深印象，从而使他们更好地掌握相关知识。

总之，本节课通过增加碳酸钠和碳酸氢钠性质对比的实验，使学生收获颇多，对于存在的不足，在今后的教学中要不断思考和改进。

## 八、板书设计

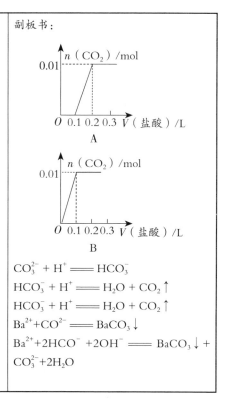

主板书：

**钠的重要化合物**

1. 碳酸钠和碳酸氢钠的性质比较

| 名称 | 碳酸钠 | 碳酸氢钠 |
|---|---|---|
| 化学式 | （$Na_2CO_3$） | （$NaHCO_3$） |
| 俗名 | 苏打、纯碱 | 小苏打 |
| 状态 | 白色粉末 | 细小的白色晶体 |
| 溶解性 | 大 | 小 |
| 与酸反应 | | |
| 与碱反应 | | |
| 与盐反应 | | |
| 热稳定性 | 加热不分解 | 加热要分解 |
| 相互转化 | | |

2. 用途
3. 问题设置
4. 焰色试验：钠（黄色）、钾（紫色）

副板书：

$$CO_3^{2-} + H^+ =\!\!=\!\!= HCO_3^-$$
$$HCO_3^- + H^+ =\!\!=\!\!= H_2O + CO_2\uparrow$$
$$HCO_3^- + H^+ =\!\!=\!\!= H_2O + CO_2\uparrow$$
$$Ba^{2+} + CO_3^{2-} =\!\!=\!\!= BaCO_3\downarrow$$
$$Ba^{2+} + 2HCO_3^- + 2OH^- =\!\!=\!\!= BaCO_3\downarrow + CO_3^{2-} + 2H_2O$$

# 第二节　氯及其化合物

## 第一课时　氯气与金属、非金属单质及水的反应

### 一、教学分析

#### （一）课标分析

学业要求：

（1）能描述氯气的物理性质和化学性质，氯气和氢气反应的实验现象。

（2）能预测氯水的成分及性质，设计实验进行初步验证，并能分析、解释有关实验现象。

（3）能用化学方程式或离子方程式正确表示氯气的主要化学性质。

#### （二）教材内容分析

本节教学内容选自人教版高中化学必修1第二章"海水中的重要元素——钠和氯"第二节"氯及其化合物"第一课时氯气与金属、非金属单质及水的反应。教材首先介绍含氯化合物的存在及应用，之后从氯气发现史引入氯气的性质，并从原子结构角度出发，深入介绍氯气，帮助学生建立"结构决定性质"的化学思想；便于引导学生总结化学家的探究经验，认识并学习他们身上勤于钻研和科学探究的精神。学习氯气的性质是学习非金属及其化合物的开端，可以帮助学生建立起从个性到共性、从特殊到一般的归纳能力，可以培养学生科学探究能力和证据推理能力，并帮助其树立利用化学知识促进社会发展的价值观念。

#### （三）学情分析

学生通过对钠及其化合物知识的学习与总结，已经有了一些分析、解决问题的基本能力。学生对于氧化还原反应和离子反应的分析判断已经熟悉，对物

质分类也熟悉。通过本课时的学习，学生可以更深层次地学习氧化还原反应，领会结构决定性质的含义。

## 二、教学目标

知识目标：

（1）通过实验探究氯气的物理性质、化学性质，体会实验对认识和探究物质性质的重要作用，培养证据推理意识。

（2）通过对氯气与水反应的实验探究，掌握科学探究的思维和方法。

（3）能用氧化还原反应、离子反应的观点预测并解释氯气的化学性质，能用化学方程式正确表达。

（4）通过对化学史的解读、分析和演绎，深刻体会化学家的科学探究精神，感受勤于钻研在科学发展中的重要作用，认识化学对人类社会的巨大影响，从而树立运用化学知识促进社会发展的价值观。

能力目标：

（1）通过对有关氯气化学史现象的讨论与分析，诊断学生认识物质的水平和探究物质性质的水平。

（2）通过预测和验证氯气的化学性质，评价并诊断学生对非金属元素及其化合物认知模型的建构和类比方法的应用情况，同时诊断发展学生探究元素性质的能力。

（3）通过对氯水具有漂白性的实验设计方案的交流与点评，发展学生物质性质的实验探究设计水平。

## 三、教学重难点

教学重点：氯气的化学性质。
教学难点：氯气与水反应。

## 四、教学方法

小组讨论法、实验探究法、问题驱动法、多媒体辅助法（演示实验展台）。

## 五、教学设计思路

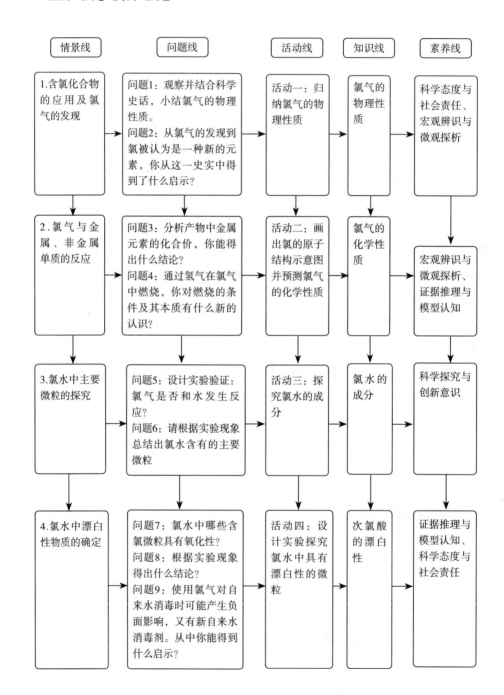

## 六、教学过程

**教学环节一：认识含氯化合物及氯气**

通过对生活中常见的含氯化合物的认识，使学生认识到物质存在的形式和化学变化的多样性，巩固认识物质的基本思路，形成变化观念；通过氯气的发展史，学习科学家的探究精神及勤于钻研、严谨求实的科学态度。

| 教师活动 | 学生活动 | 设计意图 |
|---|---|---|
| 新课导入：展示与氯有关的图片。<br>师：2020年，突如其来的新冠疫情席卷全球，从此，口罩成了我们最好的伙伴，而在抗疫过程中，消毒剂和消毒液也发挥了重要的作用，常用的84消毒液中就含有一种重要的元素，它就是我们今天要学习的主角——氯。<br>任务一：认识含氯化合物及氯气。<br>活动一：归纳氯气的物理性质。<br>播放视频：舍勒发现氯气的过程、氯原子的微观模型；同时展示刚制备好的一瓶氯气。<br>提出问题：<br>（1）请同学们观察并结合科学史话小结氯气的物理性质。（颜色、状态、气味、溶解性、密度）<br>（2）从氯气的发现到氯被认为是一种新的元素，时间长达30多年，其间经历了数位科学家的不懈探索。你从这一史实中得到什么启示？<br>（3）我们应该怎样正确闻气体的气味？<br>结合教材P44数据，其中沸点为-34.6℃，说明氯气易液化。<br>师：现在，请同学们思考第二个问题。<br>教师强调在实验室里闻气体气味的正确方法。（用手轻轻地在瓶口扇动，仅使极少量的气体飘进鼻孔）<br>任务二：氯气与金属、非金属单质的反应 | 初步了解和感受含氯化合物在生活中的应用。<br><br><br><br>仔细观察、思考、描述并总结：黄绿色气体，密度比空气大。<br><br><br><br><br><br><br><br><br><br><br><br><br><br><br>示范闻气体气味的方法，指出有刺激性气味。<br>思考、回答：<br>科学探究需要有可靠的理论做指导，需要有对科学的热爱和奉献科学的精神 | 利用生活中发生的事件导入课题，提高学生的注意力，激发学生学习兴趣。<br><br><br><br>培养学生的科学精神和对科学家敬仰的态度，培养学生观察、语言表达和动手操作的能力 |

续 表

| 教师活动 | 学生活动 | 设计意图 |
|---|---|---|
| 活动二：画出氯的原子结构示意图并预测氯气的化学性质。<br>师：结构决定性质，氯原子最外层有7个电子，易与另一个原子结合成双原子分子。氯在自然界中只以化合态形式存在。因此，氯气是一种化学性质活泼的非金属单质，具有极强的氧化性，容易和还原性物质反应。<br>师：氯气能氧化哪些金属呢？<br>引导学生结合氧气氧化金属的性质进行预测。<br>师：氯气能与大多数金属化合，生成金属氯化物，如钠、铁、铜等都能在氯气中燃烧。<br>观看微课视频：钠与氯气反应、铜与氯气反应、铁与氯气反应。<br>师：分析产物中金属元素的化合价，你能得出什么结论？<br>氯气能和大多数金属直接化合（金、铂除外），与可变价金属化合时，均能得到高价化合物。<br>归纳：方程式的书写。<br>氯气的化学性质很活泼，能和大多数金属直接化合。它能否和具有还原性的非金属单质反应呢？<br>观看视频：氯气与氢气的反应。<br>思考与讨论：<br>（1）产生白雾的原因是什么？<br>（2）我们以前学过的燃烧反应都是物质在氧气中燃烧，通过氢气在氯气中燃烧，你对燃烧的条件及其本质有什么新的认识？<br>师：所有发光发热的剧烈化学反应都称为燃烧 | 画出氯原子结构示意图，推测氯气可能具有的化学性质。<br>结合氧气的氧化性，大胆提出自己的假设。<br>书写各反应的化学方程式，标出元素化合价，确定氯气在反应中做氧化剂。<br>氯气将金属氧化为最高价态，体现了氯气的强氧化性。<br>观察现象。<br>思考、讨论：<br>（1）氯化氢气体与空气中的水蒸气结合，呈现雾状。<br>（2）燃烧不一定要有氧气参加，物质并不是只在氧气中才能燃烧，燃烧的本质是氧化还原反应 | 由原子结构预测氯气的性质。让学生参与课堂活动，充分体现学生的主体地位，发展学生证据推理与模型认知的核心素养。<br>用最直观的方式给予学生视觉上的冲击，在教学的开始很好地将学生的注意力集中起来。<br>通过氢气与氯气在不同条件下的反应，让学生感受反应条件对化学反应的影响，教育学生在实验过程中要严格控制反应条件，注意实验安全。<br>培养学生归纳与论证的能力，使学生获得新知 |

**教学环节二：探究氯气和水反应**

依据次氯酸的漂白作用设计实验导入学习情境，利用设计实验探究氯水的性质，通过分析不同价态含氯物质之间转化的实验方案，使学生能够运用氧化还原反应寻找合适的氧化剂和还原剂，实现物质转化。

| 教师活动 | 学生活动 | 设计意图 |
|---|---|---|
| 任务一：探究氯水的成分。<br>活动一：探究氯水的成分。<br>演示实验：将水挤压入氯气（氯气用塑料瓶装），观察现象。<br>提出问题：氯气是否和水发生反应？若氯气与水发生化学反应，推测可能的产物，并检验，请说明推测产物的依据。<br>实验探究1：用下列所给用品探究氯水的成分。<br>实验用品：紫色石蕊试液、$NaHCO_3$溶液、稀$HNO_3$、$AgNO_3$溶液、pH试纸、胶头滴管、玻璃棒、点滴板等。 | 塑料瓶变瘪，说明氯气溶于水。<br>思考、讨论：可能有$H^+$、$Cl^-$。<br><br><br><br><br>思考、讨论，完成实验表格，举手回答，其他学生补充。 | 通过讨论分析进行实验探究，目的是掌握物质的性质。培养学生分析问题、解决问题、宏观辨识与微观探析，以及科学探究与创新意识。 |

| 推测产物 | 试剂 | 现象 |
|---|---|---|
| $Cl^-$ | 稀$HNO_3$、$AgNO_3$溶液 | 产生白色沉淀 |
| $H^+$ | 紫色石蕊试液 | 溶液先变红后褪色 |
| $H^+$ | pH试纸 | 试纸先变红后褪色 |
| $H^+$ | $NaHCO_3$溶液 | 产生无色无味的气泡 |

| 教师活动 | 学生活动 | 设计意图 |
|---|---|---|
| 归纳：由以上实验可知，氯气的确和水反应了，有$H^+$、$Cl^-$生成，显然氯元素化合价降低，根据氧化还原反应原理可知，必然有元素化合价升高，而-2价的氧很难被氧化，这样就只能是氯元素化合价升高了。我们也知道，氯元素有多种正价；氯元素到底升高到了几价，变成什么物质了呢？<br>资料卡片：氯气与水反应还会生成次氯酸（HClO），次氯酸是一种弱酸，具有强氧化性。<br>问题：写出氯气和水反应的化学方程式及离子方程式。<br>师：在该反应中，氯气既做氧化剂又做还原剂，发生歧化反应。次氯酸是一种弱酸，只有部分电离，故氯水中的微粒还有HClO、$ClO^-$ | 讨论、举手回答：$H^+$、$Cl^-$，还有能使紫色石蕊试液褪色的物质。根据氯水的颜色判断还有氯气。当然还有$H_2O$。<br><br><br>倾听、思考。<br><br><br><br><br>$Cl_2+H_2O \rightleftharpoons HCl+HClO$<br>$Cl_2+H_2O \rightleftharpoons H^++Cl^-+HClO$ | 问题的驱动：充分调动学生的学习积极性，诊断学生提取信息的关键能力 |

续 表

| 教师活动 | 学生活动 | 设计意图 |
|---|---|---|
| （板书：氯水的成分）<br>分子：$Cl_2$、$H_2O$、$HClO$。<br>离子：$H^+$、$Cl^-$、$ClO^-$、$OH^-$（极少量）。<br>过渡：从刚才的实验可知，氯水中存在一种能够使紫色石蕊或pH试纸褪色的物质，到底是哪一种物质能够使其褪色呢？<br>任务二：探究氯水具有漂泊性的微粒<br>活动二：设计实验探究氯水具有漂白性的微粒。<br>资料卡片：具有强氧化性的物质大部分具有漂白性。<br>思考与讨论：氯水中哪些含氯微粒具有氧化性？<br>师：同学们思考得很全面，但$ClO^-$在水中的量很少，我们只考虑$Cl_2$、$HClO$。<br>实验探究2：推测具有漂白性的微粒是氯气还是$HClO$，请用适合的试剂或用品证明。<br>实验用品：干燥氯气、干燥的有色纸条（或布条）、湿润的有色纸条（或布条）、红色鲜花。 | 倾听、记笔记。<br><br><br><br><br><br><br><br><br>思考、讨论：<br>$Cl_2$、$HClO$、$ClO^-$。<br><br><br><br>思考、讨论：<br>用干燥的有色纸条检验氯气是否有漂白性。<br>用湿润有色纸条或鲜花检验次氯酸是否具有漂白性。<br>完成实验表格。 | 培养学生实验探究的能力。 |

| 微粒 | 实验用品及操作 | 现象 |
|---|---|---|
| $Cl_2$ | 干燥的有色纸条放入干燥的氯气集气瓶 | 不褪色 |
| $HClO$ | 湿润的有色纸条（或红色鲜花）放入干燥的氯气集气瓶 | 褪色 |

| 教师活动 | 学生活动 | 设计意图 |
|---|---|---|
| 播放实验视频。<br>思考与讨论：根据实验现象得出什么结论？<br>师：生成的次氯酸具有强氧化性，可以用来消毒、杀菌，故很多自来水厂用氯气来杀菌、消毒，我们偶尔闻到的自来水散发出来的刺激性气味就是余氯的气味。近年来，有科学家提出使用氯气对自来水消毒时，氯气会与水中的有机物发生反应，生成的有机氯化物 | 思考、讨论：<br>具有漂白性的微粒是次氯酸。<br><br>思考、讨论：<br>事物具有两面性，要正确、合理地使用物质。事物在不断发展 | 感受化学来源于生活并服务于生活。<br>诊断并发展学生的知识迁移能力。<br>诊断和发展学生的高阶思维 |

续　表

| 教师活动 | 学生活动 | 设计意图 |
|---|---|---|
| 可能对人体有害，所以国家规定了饮用水中余氯含量的标准，而且已经开始使用新的自来水消毒剂，如二氧化氯、臭氧等。从中你能得到什么启示？<br>归纳：要一分为二地看待物质，正确使用物质的性质，合理使用物质。化学研究的方法之一就是根据需要发现、合成并使用新的物质。<br>自主学习：请阅读教材P46—47，结合刚刚的实验，试总结次氯酸的性质及用途 | 阅读、归纳：<br>具有强氧化性、不稳定性，在光照条件下容易分解放出氧气。用途是做棉麻纸张的漂白剂，可以用于杀菌消毒。 | 感受化学服务于生活、正确看待化学 |
| 总结：本节课我们学习了氯及其化合物相互转化的部分关系图 $\overset{+1}{Cl} \leftarrow \overset{0}{Cl} \rightleftharpoons \overset{-1}{Cl} \leftarrow \overset{+5}{Cl}$，明确了研究物质性质的思路和方法，即可以从物质类别、元素价态、原子结构的角度，依据氧化还原反应原理来学习性质。本节课我们完成了两个探究任务，即氯水中的主要微粒和氯水中具有漂白性的微粒，从预测到设计实验方案进行验证，再到得出结论，明确了科学探究的一般过程。希望同学们在今后的学习中多尝试使用 | 总结元素化合物的学习方法 | 小结，巩固提高。诊断并发展学生的知识迁移能力 |
| 布置作业：<br>（1）氯气溶于水，生成了两种酸，我们可以说氯气是一种酸性气体，那它会不会和碱反应呢？<br>（2）氯水中的次氯酸可以杀菌，可以漂白，那为什么生活中广泛应用的是84消毒液呢？生活中还有哪些含氯的消毒剂？ | 完成作业 | 为下节课的学习做铺垫 |

## 七、教学反思

　　本节课通过氯气性质的预测和设计实验方案等学习任务，促进学生迁移运用能力的形成和创新能力的萌芽，通过演示实验、交流展示、问题链、视频和图片展示等情境展开学习，有利于学生对知识、原理的理解，并通过交流研讨活动灵活运用知识，从而创造性地设计实验方案，培养学生的创新思维，发展学生的创新能力。学生在进行实验探究时，通过归纳物质性质，厘清氧化还原反应原理的视角，在实际应用问题的解决过程中能够不断迁移学科知识，通过学科活动认识思路和方法，有助于实现学生的深度学习。

使"尊重事实依据，有实证意识和严谨的求知态度，逻辑清晰，能运用科学的思维方式认识事物、解决问题、指导行为"等要求成为学生的自觉行为。师生展开真正的平等对话，疑问有依，论证有据，互相尊重，平等交流，以理服人。

# 八、板书设计

## 第二节　氯及其化合物

一、氯气与金属、非金属单质及水的反应

1.氯气的物理性质

黄绿色，有刺激性气味的有毒气体，易液化，密度比空气大，能溶于水。

2.氯气的化学性质

（1）氯气与金属反应

$2Na+Cl_2 \xrightarrow{\triangle} 2NaCl$

$2Fe+Cl_2 \xrightarrow{\triangle} 2FeCl_3$

$2Cu+Cl_2 \xrightarrow{\triangle} 2CuCl_2$

（2）氯气与非金属单质反应

$H_2+Cl_2 \xrightarrow{点燃} 2HCl$

（3）氯气与水反应

$Cl_2+H_2O \rightleftharpoons HCl+HClO$

# 第二课时　氯气与碱的反应、氯离子的检验

## 一、教学分析

### （一）课标分析

学业要求：

（1）能用化学方程式或离子方程式正确表示氯气与碱反应。

（2）能根据氯水性质分析实验室、生产、生活中使用的含氯消毒剂是84消毒液或漂白粉。

（3）能根据84消毒液的性质，说明妥善保存、使用的方法。

（4）能描述氯离子检验的试剂及实验现象。

### （二）教材内容分析

本节教学内容选自人教版高中化学必修一第二章"海水中的重要元素——钠和氯"第二节"氯及其化合物"第二课时"氯气与碱的反应、氯离子的检验"。教材介绍氯气用于自来水消毒，但由于氯气的溶解度不大，且生成的次氯酸不稳定，难以保存，使用起来很不方便，效果不理想，建立在氯气和水反应的基础上制取84消毒液、漂白粉用于日常生活中的消毒和漂白。这有助于学生更好地了解化学知识的应用。氯气有毒又有用，可以使学生认识到要学好知识并正确运用，才能让资源更好地为人类服务，从而发展学生社会参与意识，建立社会责任感。

### （三）学情分析

学生通过上节课对氯气的化学性质的学习与总结，对氯气的性质有了一定的认识。学生知道氯气化学性质很活泼，也知道氯气能溶于水，还可以与水反应；氯水中起漂白作用的是次氯酸。学生还未真正形成从宏观和微观相结合的视角分析与解决实际问题的能力。

## 二、教学目标

**知识目标：**

（1）通过氯气与碱反应，利用氧化还原反应的观念分析，培养从微观探析角度分析化学反应的能力。

（2）通过对漂白粉、漂白液的主要成分、漂白原理的分析及保存方法，培养理论联系实际，将化学知识与生活实践相结合的能力。

（3）通过对比实验掌握氯离子的检验方法，培养证据推理与科学探究的能力。

**技能目标：**

（1）通过氯气与碱的反应，诊断并发展学生对氧化还原反应概念的理解水平，发展学生微观探析的能力。

（2）通过对漂白粉、漂白液成分与应用的分析，诊断并发展学生学以致用的能力以及化学学科价值的认识。

（3）通过氯离子的检验方法对比，诊断并发展学生证据推理与科学探究的能力。

## 三、教学重难点

教学重点：氯气与碱的反应、氯离子的检验。

教学难点：氯气与碱的反应。

## 四、教学方法

小组讨论法、实验探究法、问题驱动法、多媒体辅助法（演示实验展台）。

## 五、教学设计思路

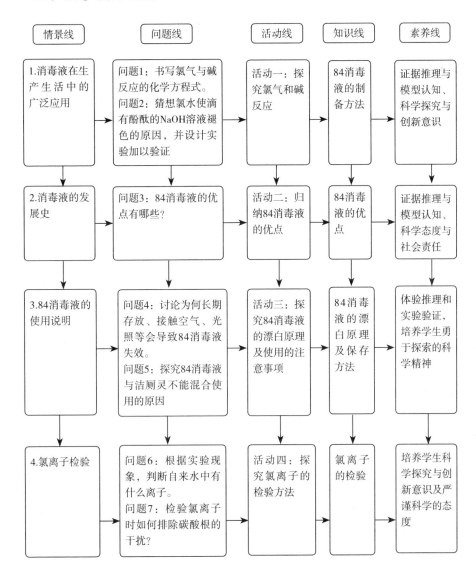

## 六、教学过程

### 教学环节一：探究氯气和碱反应

84消毒液既可以杀菌消毒又具有漂白性，是生活中常用的消毒剂和漂白剂，探究其制备原理、漂白原理及保存方法，使学生认识到氯元素的存在形式和化学变化的多样性，巩固认识物质的基本思路，形成变化观念。

| 教师活动 | 学生活动 | 设计意图 |
|---|---|---|
| 新课导入：生活中，我们在很多地方用到消毒液，如泳池消毒、公共区域的消毒杀菌等，都用到了消毒水，这是一种什么物质？今天我们就来探讨一下。<br>（板书：第二节氯及其化合物）<br>任务一：氯气和碱的反应<br>活动一：探究氯气和碱的反应。 | 初步了解和感受含氯化合物在生活中的应用。 | 利用生活中发生的事件导入课题，提高学生的注意力，激发学生学习兴趣，起承上启下的作用。 |
| 演示实验：向氢氧化钠溶液中滴加几滴酚酞试液，再向其中逐滴加入氯水至溶液刚好褪色。<br>思考与讨论：<br>（1）观察实验现象，结合氯气与水反应的化学方程式，推理书写氯气与碱反应的化学方程式，并找出氧化剂和还原剂。<br>（2）猜想氯水使滴有酚酞的氢氧化钠溶液褪色的原因，并设计实验加以验证。 | 仔细观察实验现象，书写并交流氯气与碱反应的化学方程式：<br>$Cl_2+2NaOH = NaCl+NaClO+ H_2O$<br>氯气既是氧化剂又是还原剂。 | 通过氯水使滴有酚酞的氢氧化钠溶液褪色原因的探究让学生亲身经历"提出假设、实验认证、形成结论"探究活动的核心环节。 |

| 实验操作 | 实验现象 | 实验结论 |
|---|---|---|
| 向褪色后的溶液中继续加入5~6滴氢氧化钠溶液，轻轻振荡试管，观察实验现象 | 红色不再出现 | 次氯酸将酚酞漂白 |

| 教师活动 | 学生活动 | 设计意图 |
|---|---|---|
| 资料1：1789年，法国化学家贝托莱发现氯水具有漂白性，他提出把氯水的漂白作用应用于漂白工业。但氯气溶解度不大，且生成的次氯酸不稳定，难以保存，使用起来很不方便，效果也不理想。<br>资料2：1789年，英国化学家台耐特将氯气溶于石灰乳（主要成分是氢氧化钙）中，发现生成了一种具有漂白性且更稳定的物质——漂白粉，从此将漂白从实验室带进了"寻常百姓家"。现代工业制取漂白粉依然采用该反应原理 | 思考、讨论：设计验证的合理方案，并验证。<br><br><br>依据氯气和氢氧化钠反应的原理写出<br>$2Cl_2+2Ca（OH）_2 = CaCl_2+Ca（ClO）_2+2H_2O$ | 工业上常用氢氧化钙制备漂白粉，用已学知识来解决化工生产中的实际问题，认识工业生产经济效益的要求，增强学生理论联系实际的能力 |

| 教师活动 | 学生活动 | 设计意图 |
|---|---|---|
| 资料3：84消毒液的名字来源于它是1984年发明的，1983年上海甲肝暴发流行，引起群众恐慌。因此，我国迫切需要一种方便有效的、能够在家里使用，随时消毒杀菌，阻断疾病传播的消毒产品。1984年，北京第一传染病医院研制成功能迅速杀灭各种肝炎病毒的消毒液。经北京市卫生局组织专家鉴定，授予应用成果二等奖，定名为84肝炎洗消液，后更名为84消毒液。84消毒液由于消毒效果理想，价格低廉，使用方便，具有广谱高效的杀菌特点，深受大家的欢迎。<br>提出问题：<br>（1）写出制取漂白粉的化学方程式。<br>（2）84消毒液的优点有哪些?<br>师：请同学们阅读P48页科学·技术·社会部分的内容，了解验证次氯酸光照分解产物的数字化实验。次氯酸钠虽然也会分解，但它的水溶液在低温下存放三年才分解一半左右，比次氯酸稳定得多，故应用广泛。<br>教师投影84消毒液的使用说明：保质期12个月，置于避光、阴凉处保存。教师展示洁厕灵，投影洁厕灵说明书（主要成分是盐酸），特别强调勿与漂白剂（84消毒液、漂白水等）混合使用，以免产生有害气体。<br>思考与讨论：<br>（1）讨论为何长期存放、接触空气、光照等会导致84消毒液失效，写出有关反应方程式，认识84消毒液杀菌消毒与漂白原理。（已知酸性强弱比较：$H_2CO_3 > HClO$）<br>（2）探究84消毒液与洁厕灵不能混合使用的原因。（洁厕灵的主要成分是盐酸）<br>过渡：84消毒液与洁厕灵混合是否真如同学们分析的呢？下面通过实验验证。<br>演示实验：实验探究84消毒液与洁厕灵不能混合使用的原因 | 感受科研团队临危不乱、勇于创新的科学探究精神。<br><br><br><br><br><br><br><br><br>价格低廉，使用方便、保存时间长。<br><br><br><br><br><br>思考、讨论：<br>$NaClO+CO_2+H_2O =$<br>$NaHCO_3$、$2HClO =$<br>$2HCl+O_2\uparrow$<br><br><br>$NaClO+2HCl = NaCl+$<br>$Cl_2\uparrow+H_2O$ | <br><br><br><br><br><br><br><br><br><br><br><br><br><br><br><br>认识次氯酸的重要性质（强氧化性、不稳定性、弱酸性），解释84消毒液杀菌消毒与漂白的原理，理解84消毒液的存放要求，培养学生知识迁移应用的能力 |

续 表

| 教师活动 | | | 学生活动 | 设计意图 |
|---|---|---|---|---|
| 实验操作 | 实验现象 | 实验结论 | | 通过84消毒液和洁厕灵混合产生有害气体的真实问题，让学生形成日常正确使用含氯消毒剂的安全意识 |
| 在一支试管中，加入约2mL 84消毒液，用橡皮塞塞紧试管口，用注射器吸入约2mL洁厕灵，将注射器中的洁厕灵推入试管 | 有黄绿色气体产生 | 有氯气产生 | | |

**教学环节二：探究氯离子的检验**

离子的检验是中学常见的实验操作，最基本的氯离子检验有利于学生发展科学探究和严谨的科学思维。

| 教师活动 | 学生活动 | 设计意图 |
|---|---|---|
| 任务一：探究氯离子的检验<br>活动一：探究氯离子的检验<br>演示实验：向装有2mL的自来水的试管中滴加$AgNO_3$溶液。<br>问题1：观察实验现象，说明自来水中有什么离子？<br>问题2：是不是向某溶液中滴加$AgNO_3$溶液，有白色沉淀产生，就确定该溶液中含有$Cl^-$呢？下面通过实验探究。 | 产生白色沉淀有$Cl^-$。 | 提升学生观察能力，诊断学生提取信息的关键能力。通过实验探究，掌握检验氯离子的方法，培养学生科学探究与创新意识 |
| 实验探究：在三支试管中分别加入2～3mL稀盐酸、NaCl溶液、$Na_2CO_3$溶液，然后各滴入几滴$AgNO_3$溶液，观察现象，再分别加入少量稀硝酸，观察现象。<br>思考与讨论：基于以上实验现象，我们在检验氯离子时如何排除碳酸根的干扰？<br>师：同学们归纳得很正确，明白化学实验既要科学又要严谨 | 实验操作、记录现象，举手回答，其他学生补充。<br><br><br><br>在被检测的溶液中先滴入适量稀硝酸，再滴加$AgNO_3$溶液 | |
| 归纳：通过两节课的学习，我们掌握了氯气的基本性质。下面我们价—类二维图的形式归纳这两节课所学内容 | 倾听、思考完成价—类二维图 | 利用氯及其化合物的价—类二维图，总结两节课主要学 |

续 表

| 教师活动 | 学生活动 | 设计意图 |
|---|---|---|
| 化合价<br><br>+1　NaClO　　HClO<br><br>0　　　Cl₂<br><br>-1　NaCl　　HCl<br><br>盐 单质 酸 物质类别<br><br>总结：结合价—类二维图，理解氯及其化合物相互转化的规律。价—类二维图是学习元素及其化合物性质与转化的一般方法 | 总结元素化合物的学习方法 | 习内容，同时，进一步建立可以从物质类别，也可以从化合价升降即氧化还原的角度来学习元素化合物知识的认知模型 |
| 布置作业：<br>（1）查阅资料，写一篇化学与职业的文章。（200字）<br>（2）完成教材P51第4、5题 | 完成作业 | 进行简单生涯教育，同时巩固所学知识 |

## 七、教学反思

含氯消毒剂在生活中的使用非常广泛，每个学生都有切身体会，本节课借助含氯消毒剂资料，结合一系列学习任务，通过实验探究、交流讨论、问题链、视频和图片展示等情境展开学习，有利于学生对知识、原理的理解，并通过交流研讨活动灵活运用知识。设计实验的方案，培养学生的科学探究能力，使学生保持对物质及其变化的好奇和探究欲望。概括物质性质、厘清认识物质及其转化关系的视角和路径，同时在实际应用问题的解决过程中不断迁移学科知识、认识思路和方法，培养了学生积极探索科学问题的热情及解决生产生活中化学问题的担当和能力。

## 八、板书设计

### 第二节　氯及其化合物

二、氯气与碱的反应及氯离子的检验

1.氯气与碱的反应

$$Cl_2+2NaOH = NaCl+NaClO+H_2O$$

$$2Cl_2+2Ca（OH）_2 = CaCl_2+Ca（ClO）_2+2H_2O$$

2.氯离子的检验

试剂：稀硝酸、$AgNO_3$溶液

# 第三课时　氯气的实验室制法

## 一、教学分析

### （一）课标分析

**内容要求：**结合真实情境中的应用实例或通过实验探究，了解氯及其重要化合物的主要性质，认识这些物质在生产中的应用和对生态环境的影响。

**学业要求：**

（1）能设计实验并分析、解释有关实验现象。

（2）能根据实验原理，设计氯气的制备、提纯、收集、尾气处理等方案。

（3）能根据氧化还原反应等理论知识，提出制取氯气的其他方案。

（4）能描述实验现象以及对实验做出评价。

### （二）教材内容分析

本节内容位于人教版新教材化学必修第一册第二章第二节，学生在第一章完成了"物质及其变化"的学习，分别建立了三个重要的认识角度，即物质的分类及转化、离子反应和氧化还原反应。而本章内容之后的第三章即将开始铁及其化合物的学习，学生需要综合利用已经学习的认识角度研究比较复杂的物质转化。在这样的章节安排中，本章内容希望学生通过两种具体元素及其化合物性质的学习，巩固认识角度，明确认识思路，逐步提升从物质的分类及转化、离子反应、氧化还原反应等认识角度研究物质性质的系统性。本节教学内容选自人教版高中化学必修一第二章"海水中的重要元素——钠和氯"第二节"氯及其化合物"第三课时氯气的实验室制法主要涉及氯气的实验室制法，教学中结合真实情境，不断提出问题，引领学生建构"实验室中常见气体制取"的设计模型；同时进一步巩固了氯气的性质、氧化还原反应、离子反应等相关理论知识。

（三）学情分析

学生初步学习了氧化还原反应的理论、离子反应的规律，这只能说是在"知其然"的层次，还未到"知其所以然"的层次。在具体应用上学生还很欠缺，没有形成完整的、系统的学习元素化合物知识的思路和方法，也没有建构起学习元素化合物的认知模型，还未真正形成从宏观和微观相结合的视角分析与解决实际问题的能力。

通过学习形成研究元素化合物的基本程序：观察认识物质的外观性质（物理性质）—从物质类别和价态视角预测物质的性质（化学性质）或设计物质转化途径—设计实验方案—实验并观察现象—解释并形成结论—符号表征。从宏观角度辨识物质现象及反应规律，从微观粒子的层面探究分析反应的本质，形成"结构决定性质"的观念。从宏观和微观相结合的视角分析与解决实际问题，形成学习元素化合物知识的认知模型，践行和发展学生的化学学科核心素养，实现"素养为本"的教育。

## 二、教学目标

知识目标：

（1）通过对氯气制备实验装置的探究，构建实验室制备气体的认知模型。

（2）发展对化学实验探究活动的好奇心和兴趣，培养注重实证、严谨求实的科学态度。

（3）通过氯气制备实验中尾气处理方案的设计，进一步增强合理使用化学品的意识，体会化学对生活、环境的重要意义，增强社会责任感。

**能力目标：**

（1）了解氯气的发现史，学习科学家的研究精神及勤于钻研、严谨求实的科学态度，落实科学精神与社会责任的培养。

（2）通过对氯气实验室制法的探究，诊断并发展学生常见气体制备研究模型的建立水平，发展学生实验探究的能力。

（3）通过对实验装置的组装与作用分析，诊断并发展学生推测、论证、探究与创新的能力。

（4）通过对物质制备流程的认识，诊断并发展学生对化学学科价值的认识水平。

## 三、教学重难点

教学重点：氯气的实验室制法的原理以及实验装置的选择。

教学难点：气体制备思路的建立。

## 四、教学方法

小组讨论法、实验探究法、问题驱动法、归纳总结法、多媒体辅助法。

## 五、教学设计思路

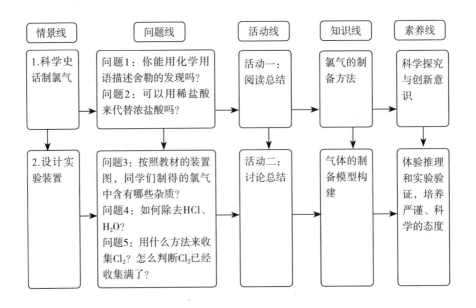

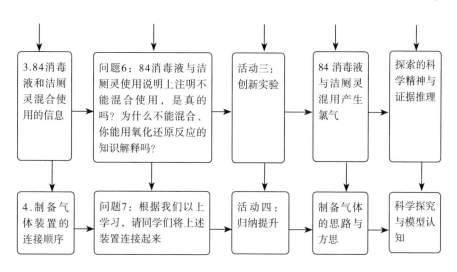

## 六、教学过程

**教学环节一：科学史话制氯气**

1771—1774年，舍勒在研究软锰矿（二氧化锰）时，当他把软锰矿与浓盐酸混合并加热时产生了一种黄绿色的气体，这种气体强烈的刺激性气味使舍勒感到极为难受。因受到燃素学说的影响，舍勒未能确认这种气体。直到1810年，英国化学家戴维才确认这种气体是一种新元素组成的单质——氯气。氯气的产生到确认经历了30多年的时间，为学生提供了最真实且有说服力的情境，让他们理解真正的科学研究需要正确的理论做指导，同时使他们认识到科学研究需要热爱科学的思想和献身科学的精神，培养学生科学态度与社会责任的学科核心素养。

| 教师活动 | 学生活动 | 设计意图 |
| --- | --- | --- |
| 创设情境1：1771—1774年，舍勒在研究软锰矿（二氧化锰）时，当把使软锰矿与浓盐酸混合并加热时产生了一种黄绿色的气体，这种气体强烈的刺激性气味使舍勒感到极为难受。因受到燃素学说的影响，舍勒未能确认这种气体。直到1810年，英国化学家戴维才确认这种气体是一种新元素组成的单质——氯气。现在这种方法仍然是实验室制取氯气的重要方法之一 | 倾听氯气的发现过程，并用化学方程式描述。<br>反应原理：<br>$MnO_2 + 4HCl_{(浓)} \xrightarrow{\triangle}$<br>$MnCl_2 + 2H_2O + Cl_2\uparrow$ | 氯气的产生到确认经历了30多年的时间，为学生提供了最真实其有说服力的情境，让他们理解真正的科学研究需要正确的理论做指导，同时使他们认识到科学研究需要热爱科学的思想和献身科学的精神， |

续 表

| 教师活动 | 学生活动 | 设计意图 |
|---|---|---|
| 问题1：你能用化学用语描述舍勒的发现吗？（提示：有一种产物是$MnCl_2$） <br><br> 18世纪70年代 瑞典化学家舍勒 → 将软矿（主要成分为$MnO_2$）与浓盐酸混合加热 → 产生一种黄绿色有刺激性气味的气体 → 未能确认 <br><br> 30多年后 <br><br> 1810年 英国化学家戴维 → 重复上述实验 → 得出同样结果 → 确认为氯气 <br><br> 请你根据实验室制备氯气的反应原理设计实验装置 | 描述反应原理的特点，根据所学知识设计制备氯气的发生装置：固体+液体加热制备气体 | 培养学生科学态度与社会责任学科核心素养 |
| 问题2：可以用稀盐酸来代替浓盐酸吗？ | 思考：稀盐酸的还原性比浓盐酸弱，不能被氧化锰氧化得到氯气，因此不可替代；浓盐酸具有挥发性 | 引领学生建构实验室中常见气体制取的设计模型 |

**教学环节二：设计实验装置**

根据反应原理制得的气体中往往含有一些杂质，如果要得到纯净的气体，就要进行除杂。实验室中气体制备的一般思路为发生装置→除杂装置（如需要）→收集装置→尾气处理装置（如需要），这有利于学生发展科学探究和严谨的科学思维。

| 教师活动 | 学生活动 | 设计意图 |
|---|---|---|
| 创设情境2：投影教材实验装置图 <br><br> 浓盐酸 $MnO_2$ NaOH浓液 | 思考交流：浓盐酸具有挥发性，因此氯气中将混有氯化氢、水等杂质。<br> 在实验室中，常用饱和氯化钠溶液吸收氯化氢气体，还可以减少氯气的溶解 | |

| 教师活动 | 学生活动 | 设计意图 |
|---|---|---|
| 问题3：按照教材的装置图，同学们制得的氯气中含有哪些杂质？<br>问题4：如何除去HCl？<br>问题5：根据已学知识，用什么试剂可以吸收水蒸气？结合$Cl_2$的性质，请你选择合适的吸水剂。<br>过渡：经过净化和干燥，现在该收集$Cl_2$了。<br>问题6：用什么方法来收集$Cl_2$？<br>问题7：根据下图，收集$Cl_2$从哪个方向进去？简单阐述原理。<br><br>集气瓶<br><br>问题8：怎么判断$Cl_2$已经收集满了？ | 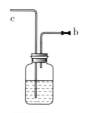<br>饱和食盐水<br><br>学生讨论得出结论：用浓硫酸进行干燥。<br><br>浓硫酸<br><br>因为$Cl_2$的密度大于空气，所以用向上排空气法收集$Cl_2$。<br>从a口进入，在集气瓶下面聚集，将空气从b口挤出。<br>归纳总结多种方法：<br>方法1：观察法，利用$Cl_2$的颜色。<br>方法2：用湿润的淀粉KI试纸。<br>方法3：用湿润的蓝色石蕊试纸<br><br> | 通过对除杂方法的思考，学生考虑到用氢氧化钠、水等除去HCl，后想到都会与$Cl_2$反应，通过教师引导从溶解性方面考虑，用饱和食盐水，在不断追问中，培养学生的质疑能力。<br><br>通过实验装置的共同设计，让学生体验自主探究的过程，同时对实验装置进行更深入的认识。<br><br>一步步完善实验装置，体会实验设计的意图 |

| 教师活动 | 学生活动 | 设计意图 |
|---|---|---|
| 问题9：你能说出装置中氢氧化钠溶液的作用吗？能改为澄清石灰水吗？ | 学生结合氯气的化学性质，解释氢氧化钠溶液的作用，同时写出化学反应原理。<br>$2NaOH+Cl_2 == NaCl+NaClO+H_2O$<br>澄清石灰水中$Ca(OH)_2$含量少，可能无法完全吸收$Cl_2$。可以选用浓度较大的NaOH溶液，确保$Cl_2$被完全吸收 | 培养学生化学的价值观念，落实学生的社会责任与安全意识。<br><br>增强环保意识，形成绿色化学观念 |
| 拓展探究：实验室还可以用哪些物质来制取氯气？<br>（板书：$2KMnO_4+16HCl（浓）== 2KCl+2MnCl_2+5Cl_2\uparrow+8H_2O$<br>$KClO_3+6HCl（浓）== KCl+3Cl_2\uparrow+3H_2O$<br>$Ca(ClO)_2+4HCl（浓）== CaCl_2+2Cl_2\uparrow+2H_2O$） | 选取试剂的主要依据是所制取气体的性质。氯气具有强氧化性，常用氧化其$Cl^-$的方法来制取，因此要选用含有$Cl^-$的物质（如盐酸）和具有强氧化性的物质［如$KMnO_4$、$KClO_3$、$Ca(ClO)_2$等］来制取 | 综合运用所学化学知识和化学科学方法对化学相关的简单问题进行分析解释，做出合理的判断，得出正确的结论 |

**教学环节三：应用于生活**

创设84消毒液与洁厕灵混合的真实情境，学生通过所学化学知识解释不能混合使用的原因。将化学知识应用于实践，培养学生解决实际问题的能力。

| 教师活动 | 学生活动 | 设计意图 |
|---|---|---|
| 创设情境3：84消毒液与洁厕灵使用说明上注明不能混合使用，是真的吗？为什么不能混合？你能通过氧化还原反应知识解释吗？<br>（板书：$NaClO+2HCl（浓）== NaCl+Cl_2\uparrow+H_2O$） | 学生创新实验。<br><br>分析发生反应的原理，书写化学反应方程式 | 增加学生动手实验的机会。培养学生观察实验现象并对其进行分析、推理的能力，使学生形成证据推理意识 |

## 教学环节四：总结提升

| 教师活动 | 学生活动 | 设计意图 |
|---|---|---|
| 浓盐酸 MnO₂ 饱和食盐水 浓硫酸 集气瓶 NaOH溶液<br><br>思考：根据以上学习，请同学们将上述装置连接起来。<br>教师做出评价。<br>总结：归纳出设计气体装置的基本思路、制备气体装置的连接顺序。<br>选择和组装实验室制取气体的装置时，应该考虑装置的选取依据和连接顺序。<br><br>发生装置 → 除杂装置 → 收集装置 → 尾气处理装置<br><br>反应物状态、气体及所含 气体的密度、气体的性质<br>反应条件 杂质的性质 气体在水中的<br>溶解性、是否<br>与水反应等 | 结合所学，连接以上装置。<br>甲同学：a→c→b→e→f→g→h→i。<br>乙同学：a→c→b→e→f→h→g→i。<br>结合思维模型的构建进行思考分析，掌握实验室制气体的思路 | 通过对物质制备模型的认知，感受物质制备的过程，建立起气体制备的研究模型，提高模型认知能力，培养学科核心素养 |
| **方法总结**<br><br>实验目的 实验室制取纯净干燥的氯气<br>↓<br>反应原理 核心元素→类别、化合价变化→试剂选择<br>$MnO_2+4HCl_{(浓)} \xrightarrow{\Delta} MnCl_2+Cl_2\uparrow+2H_2O$<br>↓<br>装置设计 发生→除杂（若需要）→收集→尾气处理（若需要）<br>↓<br>操作事项 药品加入的顺序、化学反应条件的控制等 | 归纳总结 | 模型建构 |

## 七、教学反思

本次教学设计了四个教学环节，让学生明确学习任务，在实验方案设计上将单一问题整合为系统问题，从孤立水平发展到系统水平，层层推进，发展学生依据实验目的进行合理推理的能力。通过不断提出问题，学生讨论、归纳总结构建了气体实验室制法模型。

本次教学使学生的思考思维过程展开并外显，以便发现问题和解决问题，清晰其思路进而使其形成解决问题的一般思路。持续的案例分析，产生新问题情境、验证问题假设、探索化学事实，使整个学习过程都能激发、推动、维持、强化和调整学生的认知活动、情感活动和实践活动，在全程教学中发挥作用。

## 八、板书设计

第二节　氯及其化合物

第三课时　氯气的实验室制法

1. 实验室制取氯气的原理

$$MnO_2+4HCl_{(浓)} \stackrel{\triangle}{=\!=\!=} MnCl_2+2H_2O+Cl_2\uparrow$$

2. 实验装置设计思路：

发生装置→除杂装置（如需要）→收集装置→尾气处理装置

# 第三节　物质的量

## 第一课时　物质的量的单位——摩尔

### 一、教学分析

#### （一）课标分析

**内容要求：**《普通高中化学课程标准（2017年版2020年修订）》明确指出："了解物质的量及其相关物理量的含义和应用，体会定量研究对化学的重要作用。"

**学业要求：**《普通高中化学课程标准（2017年版2020年修订）》明确指出："能基于物质的量认识物质组成及其化学变化，运用物质的量、摩尔质量、气体摩尔体积、物质的量浓度之间的相互关系进行简单计算。"

#### （二）教材内容分析

本节是人教版化学必修第一册第二章第三节"物质的量"的内容，物质的量是国际单位制中的7个基本物理量之一，属于重要的基本概念。以物质的量的概念为基础，可以得出摩尔质量、气体摩尔体积、物质的量浓度等重要概念。物质的量广泛应用于工业、农业、医疗及科学研究中。物质的量及其相关概念的建构可以引导学生进一步从定量的角度研究物质间所发生的化学反应，有助于学生深入理解宏观物质与微观粒子之间的联系。

本节内容的突出特点是概念多而抽象，如物质的量、阿伏加德罗常数。这些词汇对学生来说比较陌生，与头脑中原有的认知如物质的质量、气体的体积等会产生冲突。由于概念的抽象性，教材中穿插了丰富的素材，如图片、探究活动等，不仅丰富了版面，还达到了将抽象概念可视化的效果，直观地引导学生从宏观与微观两个视角认识物质，着力帮助学生理解物质的量。

物质的量是高中化学学习中重要的工具性内容，为了在后续学习中更好地发挥其工具作用，教材以例题的方式，引导学生理解概念、应用概念，并规范解题步骤，将概念的理解和概念的应用两个环节交织进行，突出定量研究的特点。

### （三）学情分析

本节课的教学对象是高一年级学生，他们对基本的数学运算已熟练掌握，通过初中的学习，已经熟知通过质量、体积来计量宏观物质，也熟知宏观物质由原子、分子、离子等微粒组成。但是学生是将宏观的质量、体积和微观粒子数孤立起来看待的，缺少宏观与微观联系的桥梁；同时，学生对定量的认识全部是基于"质量"的。物质的量概念抽象，学生在思维方式和学习方法上还很不成熟，对新概念的接受速度较慢，高中自主学习方法的运用、抽象思维能力的形成尚有一定程度的欠缺，但是学习兴趣和积极性还比较高，主观上有学好的愿望，因此需要教师将一个知识点多次讲练以强化其理解与记忆。本节内容采用直接讲授加上引导自主学习的方式，同时利用练习加深学生对物质的量的理解与应用，并让他们从定量的角度分析化学问题，建立起宏观与微观结合的思想。

## 二、教学目标

**知识目标：**

（1）了解物质的量的单位——摩尔。

（2）掌握物质的量、阿伏加德罗常数和摩尔质量的关系。

（3）通过对比、类比、归纳、演绎等多种思维活动，了解物质的量的含义，体会从物质的量层次定量研究化学问题的意义。

**能力目标：**

（1）通过举例和类比的方法，从生活中的计数方法类推到微观计量，诊断并发展学生对化学知识的认识水平。

（2）通过对物质的量与阿伏加德罗常数含义的分析和讨论，诊断并发展学生对物质的量与阿伏加德罗常数的认知水平。

（3）通过对微观计量的讨论和交流，诊断并发展学生对化学价值的认知水平。

## 三、教学重难点

教学重点：物质的量及阿伏加德罗常数及摩尔质量的含义。

教学难点：物质的量的概念。

## 四、教学方法

小组讨论法、问题驱动法、多媒体辅助法（演示实验展台）。

## 五、教学设计思路

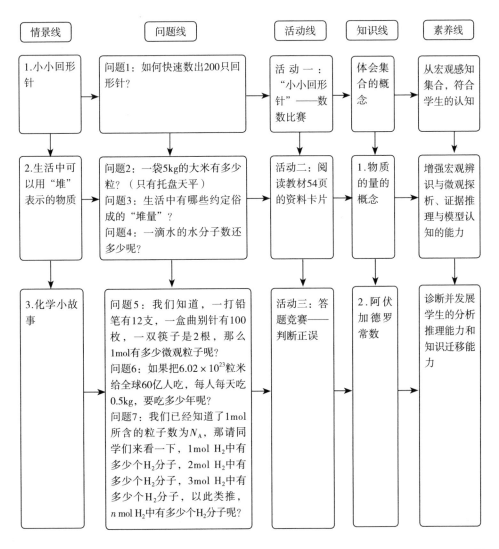

## 六、教学过程

**教学环节一："小小回形针"——感知集合的概念**

以"小小回形针"小游戏的情景引入新课。活动一的开展让学生参与课堂，充分调动学生的积极性，提升学生的表达能力和观察能力。教学先让学生对物质的量进行感性认识——宏观辨识，符合学生的认知。

| 教师活动 | 学生活动 | 设计意图 |
|---|---|---|
| 课前：请一名学生讲《曹冲称象》的故事，并谈谈体会。<br>创设真实的问题情境。<br>活动一："小小回形针"。<br>问题1：如何快速数出200只回形针？<br>一个小游戏：请两名学生用1分钟的时间进行数回形针比赛。 | 小组派代表参与活动一的比赛。 | 通过对生活中较小物质的计量方式的举例，引导学生关注生活中的计量方式，引出集合的意义。 |
| 问题2：一袋5kg大米有多少粒？（只有托盘天平）<br>总结方法：<br>（1）数出一定数目的大米（100粒）。<br>（2）用托盘天平称量100粒大米的质量。<br>（3）求算5kg大米的粒数。 | 互动，逐渐构建"化零为整"的计量思想。 | |
| 启示："堆量"一定数目物质的集合体引出集合的思想。<br>问题3：生活中有哪些约定俗成的"堆量"？ | | 小组合作，分组讨论，体现学生的主体地位，教师主导地位。 |
| | 继续观察并思考。<br><br>小组讨论并回答。 | |
| 情境：化学研究物质的组成结构和性质。物质是由分子、原子等微观粒子构成的，在微观的世界中，我们又是怎样计算微观粒子的数目呢？比如，一滴水中约有多少个水分子？ | 表示数不完一滴水中水分子的个数 | 学会类比和推理。引导学生意识到"化零为整"在计量上的重要性 |

| 教师活动 | 学生活动 | 设计意图 |
| --- | --- | --- |
| <br>一滴水中，有约$1.67×10^{21}$个水分子<br>14亿人每人每秒数一个<br>需5.3万年 | 思考用什么方法才能更好地数清楚水分子的个数 | |
| 教师讲解："化零为整""打包"的思想<br>（板书：物质的量） | | |

**教学环节二：概念的形成——认识物质的量的概念**

对物质的量的感性认识——宏观辨识，上升到微观结构——微观探析，利用生活中的案例，让学生理解物质的量的概念，充分发展学生宏观辨识与微观探析、证据推理与模型认知等化学学科核心素养。

| 教师活动 | 学生活动 | 设计意图 |
| --- | --- | --- |
| 过渡：物质由微观粒子组成，微观粒子很小很小，数量很多很多。参考前面两个宏观物质问题的解决：将一件、100粒大米看作一个整体。当个体数量大时，人们习惯以集体为单位计量个体数量。生活中有很多"集合体计数的例子"，如一双筷子、一打鸡蛋、一包复印纸、一箱牛奶等。类比于宏观物质，微观粒子也可以这样计量。<br>多媒体展示： | 听讲、观看、思考。 | 让学生感受微观世界的粒子的数量多，体积很小，用普通计量方式的复杂与不方便。 |
| <br>把微小微粒扩大倍数形成一定数目的集合体——物质的量。<br>（板书：一、物质的量及其单位——摩尔）<br>活动二：阅读教材54页的资料卡片 | 分析、思考 | 通过具体实例帮助学生构建认知模型，引出"物质的量"的概念 |

续　表

| 教师活动 | 学生活动 | 设计意图 |
|---|---|---|
| 国际单位制（SI）的7个基本单位（教材P54） | 感受物质的量是一个整体，是一个物理量，单位为摩尔。 | 类比学习。 |

国际单位制（SI）的7个基本单位（教材P54）

| 物理量 | 单位名称 | 单位符号 |
|---|---|---|
| 长度$l$ | 米 | m |
| 质量$m$ | 千克 | kg |
| 时间$t$ | 秒 | s |
| 电流$I$ | 安培 | A |
| 物质的量n | 摩尔 | mol |
| 热力学温度$T$ | 开尔文 | K |
| 发光强度 | 坎德拉 | cd |

| 教师活动 | 学生活动 | 设计意图 |
|---|---|---|
| 活动三：答题竞赛——判断正误。<br>（1）物质的量就是物质的质量。<br>（2）摩尔是7个物理量之一。<br>（3）摩尔是一个单位，用于计量物质所含微粒集合体的多少。<br>（4）1mol氧。<br>（5）3mol氯元素。<br>（6）0.5mol $OH^-$。 | 小组讨论。<br><br>小组代表举手抢答。 | 让学生理解物质的量，并明晰物质的量使用时的注意事项。 |
| 概念辨析：从"四化"角度理解物质的量。<br>物质的量概念辨析：<br>（1）物质的量是一个物理量的全称，是一个专有名词。<br>（2）摩尔只能描述原子、分子、离子等微观粒子，不能描述宏观物质。<br>（3）使用物质的量必须指明物质微粒的名称、符号或化学式，如1molH，不能用"1mol氢"。<br>（4）物质的量的数值可以是整数，也可以是小数。对巨大数量的研究，适合用集合的思想，由此将目光聚焦于将多少个粒子的集合体看成一个整体的问题 | 帮助同学通过"四化"（专有名词化、微粒化、具体化、集体化）理解物质的量 | 通过6个问题的驱动，诊断学生提取信息的关键能力，同时突破教学重点。<br><br><br>发展学生宏观辨识与微观辨析能力，构建学生对新概念的认知模型 |

### 教学环节三：物质的量公式认知模型的构建——内化新知

通过与学生一起，引导学生自主推导公式，自主建构概念间的关系，形成微观计量的思维方法。通过自主分析和公式的建构，不仅培养学生的自主学习能力，而且促进其推理比较、分析解释等学科思维和能力的形成。

| 教师活动 | 学生活动 | 设计意图 |
|---|---|---|
| 问题3：我们知道，一打铅笔有12支，一盒曲别针有100枚，一双筷子是2根，那么1mol有多少微观粒子呢？<br>创设情境：化学小故事《最丑的化学家——阿伏加德罗》。<br>化学育人：我们不能只关注他人的外貌，而应该关注他们的内心美。长相普通不怕，只要我们好好读书，就能改变自己的命运，正所谓腹有诗书气自华。<br>过渡：为了纪念阿伏加德罗在此数据上测定的贡献，将1mol粒子集合体所含的粒子数定义为阿伏加德罗常数。<br>问题4：如果把$6.02 \times 10^{23}$粒米给全球60亿人吃，每人每天吃0.5kg，要吃多少年呢？——14万年。<br>归纳：物质的量只适用于计量微观粒子，不能用于宏观物质。<br>问题5：我们已经知道了1mol所含的粒子数为$N_A$，那请同学们来看一下，1mol $H_2$中有多少个$H_2$分子，2mol $H_2$中有多少个$H_2$分子，3mol $H_2$中有多少个$H_2$分子，以此类推，$n$ mol $H_2$中有多少个$H_2$分子呢？<br>问题6：请同学们思考微粒数$N$、阿伏加德罗常数$N_A$和物质的量$n$之间有什么关系。<br><br>$n$（物质的量）　　　　$N$（粒子数目）<br>1mol H　　　　　　$1 \times N_A$个H<br>2mol H　　　　　　$2 \times N_A$个H<br>⋮　　　　　　　　⋮<br>nmol H　　　　　　$2 \times N_A$个H<br>　　　　$N = n \times N_A$<br>➡ $n = \dfrac{N}{N_A}$ 或 $N_A = \dfrac{N}{n}$ | 从实际生活的"堆量"对比学习1摩尔的微观粒子。国际上规定，1摩尔粒子的集合体所含的粒子数约为$6.02 \times 10^{23}$。<br><br>小组讨论。<br><br>粗略计算，感受$6.02 \times 10^{23}$数字的庞大。<br><br><br>1mol $H_2$中有$N_A$个$H_2$分子，2mol $H_2$中有$2N_A$个$H_2$分子，3mol $H_2$中有$3N_A$个$H_2$分子，nmol $H_2$中有$n \cdot N_A$个$H_2$分子 | 联系生活情境，通过宏观的"堆量"描述引出微观粒子的"堆量"的描述。引入阿伏加德罗常数。<br><br>通过化学情境，引导学生的思考，培养他们正确的人生观、世界观、价值观。<br><br>问题驱动学习，充分体现学生的主体地位。<br><br>感知阿伏加德罗常数。<br><br>引导学生自主推导公式，自主建构概念间的关系，形成微观计量的思维方法。通过自主分析，完成公式模型的构建 |

| 教师活动 | 学生活动 | 设计意图 |
|---|---|---|
| （板书：公式$n=N/N_A$）<br>过渡：1mol不同物质中所含的粒子数是相同的，但由于不同粒子的质量不同，1mol不同物质的质量也不同。<br>归纳：结合教材54页所给出的不同物质的数据，计算1mol该物质的质量是多少。 | $N=n \cdot N_A$<br>构建公式模型。 | 引导学生自主推导公式，建立物质的量与质量之间的关系。找到规律，建立模型推导公式。 |
| 18gH$_2$O<br>约6.02×10$^{23}$个水分子<br>1mol H$_2$O<br><br>27g Al<br>约6.02×10$^{23}$个铝原子<br>1mol Al | 计算物质的量为1mol时，物质的质量。建立宏观物质于微观粒子之间的联系。找到物质的量为1mol时，质量的数据的规律。 | |
| 1mol H$_2$O的质量是18g，约含有6.02×10$^{23}$个水分子；<br>0.5 mol HO的质量是9g，约含有3.01×10$^{23}$个水分子；<br>1mol A1的质量是27g，约含有6.02×10$^{23}$个铝原子；<br>2mol Al的质量是54g，约含有1.204×10$^{24}$个铝原子。<br>归纳：摩尔质量。<br>例：计算26.5g碳酸钠的物质的量。<br>解：Na$_2$CO$_3$的相对分子质量为106，摩尔质量为106g·mol$^{-1}$。<br>$$n(Na_2CO_3) = \frac{m(Na_2CO_3)}{M(Na_2CO_3)}$$<br>$$= \frac{26.5g}{106g \cdot mol^{-1}}$$<br>$$= 0.25mol$$<br>答：26.5gNa$_2$CO$_3$的物质的量是0.25mol | 归纳摩尔质量的概念、单位、符号、数值以及与物质的量的关系。<br><br><br>完成典型例题，并小组讨论、讲解 | 进一步理解物质的量的意义：物质的量是建立宏观物质与微观粒子之间关系的桥梁。建立公式模型。<br><br><br>通过例题，练习巩固 |

**教学环节四：运用公式模型解决实际问题——巩固新知**

运用物质的量、粒子总数、阿伏加德罗常数之间的相互关系，进行简单计算。

| 教师活动 | 学生活动 | 设计意图 |
|---|---|---|
| 课堂练习：<br>（1）1mol $O_2$中约含有_____个氧分子，质量为_____g。<br>（2）2mol C中约含有_____个碳原子，质量为_____g。<br>（3）1mol $H_2SO_4$中约含有_____个硫酸分子，质量为_____g。<br>（4）$1.204 \times 10^{24}$个水分子的物质的量为_____mol，质量为_____g。<br>（5）$9.03 \times 10^{23}$个铁原子的物质的量为_____mol，质量为_____g。<br>本节课你学到了什么？感受最深的是什么？<br>（先小组内交流，然后派代表总结，可以从知识、方法、疑惑等方面进行总结。） | 分析解答。<br><br><br><br><br><br>先小组内交流，然后派代表总结 | 感受化学来源于生活并服务于生活，诊断并发展学生的知识迁移能力。<br><br>在小结的过程中锻炼学生的归纳能力和表达能力，促进学生知识板块的构建和批判思维的发展 |
| 布置作业：内化新知。<br>（1）必做题：教材P61练习与应用第1题，并预习新知识。<br>（2）选做题：教材P61练习与应用第10题 | 课后独立完成 | 巩固课上所学知识，促进新知内化，为下节课的学习做铺垫 |

## 七、教学反思

教师的教学活动应服务于学生的化学学习活动，"教师之为教，不在全盘授予，而在相机诱导"。

本节课以"小小回形针"的游戏为情境引入，以宏观辨识与微观探析作为主线，以知识竞赛抢答赛作为活动线，通过设置问题驱动完成知识线的建构。我对本节课的设计及实施有以下评价：

（1）以"小小回形针"的游戏引课，激发学生的学习兴趣，活跃气氛，为后续学习埋下伏笔。

（2）设置相应的评价任务诊断学生的学习情况，充分体现"教学评"一体化。

（3）结合化学学科特点，融合多媒体互动技术，直观呈现学生的探究成果。学生对物质的量的宏观认识上升到微观层面，提升宏观辨识与微观探析、证据推理与模型认知等学科核心素养。

教师在整个过程中都充分发挥引导作用，不断开展师生互评、生生互评，让学生自主归纳、自主评价，注重学生学习能力的培养，符合新课程的教学理念。

## 八、板书设计

| 主板书：<br>**物质的量**<br>一、物质的量：表示含有一定数目粒子的集合体。<br>符号：$n$；单位：摩尔（mol）<br>二、阿伏加德罗常数　　符号：$N_A$；<br>单位：$mol^{-1}$<br>公式：$n=N/N_A$<br>三、摩尔质量　符号：M。单位：$g×mol^{-1}$。<br>公式：$n=m/M$ | 副板书：<br>集合<br>$n=N/N_A$<br>$n=m/M$ |
| --- | --- |

# 第二课时　气体的摩尔体积

## 一、教学分析

### （一）课标分析

《普通高中化学课程标准（2017年版2020年修订）》明确指出："化学学科核心素养是学生必备的科学素养，是学生终身学习和发展的重要基础；化学课程对于科学文化的传承和高素质人才的培养具有不可替代的作用。"

**基本理念：** 重视开展"素养为本"的教学。倡导真实问题情境的创设，开展以化学实验为主的多种探究活动，重视教学内容的结构化设计，激发学生学习化学的兴趣，促进学生学习方式的转变，培养他们的创新精神和实践能力。

**内容要求：**《普通高中化学课程标准（2017年版2020年修订）》明确指出，了解气体的摩尔体积及其相关物理量的含义和应用。

**学业要求：**《普通高中化学课程标准（2017年版2020年修订）》明确指出，运用气体的摩尔体积和质量之间的相互关系进行简单的计算。

### （二）教材内容分析

本节是人教版化学必修第一册第二章第三节"物质的量"的第二课时气体的摩尔体积。本节课的内容主要是气体的摩尔体积，是连接气体体积和微粒数目的桥梁，该内容比较抽象，而教材是直接给出相关的概念。

### （三）学情分析

本节课的教学对象是高一年级学生，上一节课学生初步学习了物质的量，对于宏观的质量和微观的微粒数目有了初步的认识，但是大多数学生还不能充分应用，而通过本节课内容气体的摩尔体积的学习，进一步强化基础宏观辨识与微观探析的核心素养，为下节课"物质的量浓度"的学习打下基础。

## 二、教学目标

**知识目标：**

（1）了解物质体积的影响因素。

（2）掌握气体体积的影响因素。

（3）掌握气体摩尔体积。

**能力目标：**

（1）通过对物质体积影响因素的探究，诊断并发展学习宏观和微观的辩证关系。

（2）通过气体摩尔体积的学习，诊断并发展学生自主、合作学习的能力。

## 三、教学重难点

教学重点：物质体积的影响因素和气体的摩尔体积。

教学难点：气体摩尔体积的计算。

## 四、教学方法

小组讨论法、问题驱动法、多媒体辅助法（演示实验展台）。

## 五、教学设计思路

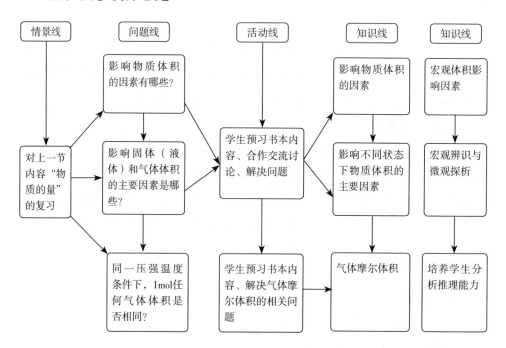

## 六、教学过程

### 教学环节一：情境创设，提出问题

通过对上节课"物质的量"知识的复习，巩固复习上节课的内容，培养学生微观（微粒）和宏观（质量）的辩证主义关系，同时提出问题：物质的量是一定微粒的集合体，在宏观体现上有质量，那么在宏观上有体积吗？通过这个问题引入本节课内容。

| 教师活动 | 学生活动 | 设计意图 |
| --- | --- | --- |
| 播放投影。<br><br>$m \xrightarrow[\times M]{\div M} n \xrightarrow[\div N_A]{\times N_A} N$ | 观察、回忆、倾听、思考 | 温故而知新，强化上节课的内容，同时明确本节课的主要学习内容 |

| 教师活动 | 学生活动 | 设计意图 |
| --- | --- | --- |
| 通过前面的学习，我们知道物质的量是一定微观粒子数目的集合体，当微观粒子聚集在一起足够多时，就会出现宏观的质量，那么在我们能感受到质量的同时，能否感受到体积呢？<br>（板书：第二课时气体的摩尔体积） | | |

**教学环节二：预习书本内容——探究影响物质体积的因素**

通过教材P56页，探究影响体积的因素，学生能通过自主预习书本内容，通过合作讨论，解决实际问题。

| 教师活动 | 学生活动 | 设计意图 |
| --- | --- | --- |
| 请同学们预习书本内容，回答下列问题。<br>（1）影响物质体积的因素有哪些？<br>（2）这些因素如何影响物质的体积？<br>师：不同状态下影响物质体积的因素是否一致？<br>思考与讨论：在一定条件下，1mol不同物质的体积见下表。观察并分析表中的数据，你能得出哪些结论？与同学讨论。 | 预习书本内容，小组讨论、回答问题。<br><br><br>得出结论。<br><br>在同一数量、压强、温度条件下：气体的体积相同，固体或液体的体积不同。 | 抓取书本有用的信息，培养学生自主学习能力。<br><br><br>培养学生发散性思维，培养学生勤动脑、善思考。 |
| 学生完成书本思考与讨论。<br>师：这也说明不同状态下影响物质体积的因素是不相同的。<br>请同学们预习书本内容，回答下列问题。<br>（1）相同条件下，1mol不同固体或液体的体积为什么不同？其体积大小主要取决于哪些微观因素？ | 预习书本内容，小组讨论、回答问题 | 认知冲突，探索新知 |

表格（思考与讨论中）：

| 气体 | 0℃、101kPa时的体积／L | 液体 | 20℃时的体积／cm | 固体 | 20℃时的体积／cm |
| --- | --- | --- | --- | --- | --- |
| $H_2$ | 22.4 | $H_2O$ | 18.0 | Fe | 7.12 |
| $O_2$ | 22.4 | $H_2SO_4$ | 53.6 | Al | 10.0 |

续　表

| 教师活动 | 学生活动 | 设计意图 |
|---|---|---|
| （2）相同条件下，1mol不同气体的体积基本相同，为什么？其体积大小主要取决于哪些微观因素？<br>演示实验：（针筒实验）粒子间距离对液体和气体体积的影响 | | |

### 教学环节三：探究气体的摩尔体积

通过上一环节影响气体体积因素的学习，引出气体的摩尔体积相关知识，由学生用自己的语言组织相关概念。

| 教师活动 | 学生活动 | 设计意图 |
|---|---|---|
| 师：由上一环节可以知道影响气体体积的主要因素是微粒的数目，微粒之间的距离，据此科学家通过大量的实验事实得出理想气体状态方程式：$PV=nRT$（$P$为压强，$V$为气体体积，$n$为气体的物质的量，$R$为常数，$T$为温度）。回答下列问题：<br>（1）请指出该公式中影响气体体积的因素有哪些。<br>（2）该公式中压强和温度影响气体微粒之间的距离吗？请举例说明。<br>（3）在同温、同压条件下，1mol任何气体的体积相同吗？请说明理由。<br>师：由此可知，在同温、同压条件下，1mol任何气体的体积都相同，我们称之为气体的摩尔体积。 | 预习书本内容，小组讨论、回答问题。 | 通过理想状态方程式的引入，让学生意识到温度和压强影响气体中微粒之间的距离。 |
| 请同学们预习书本内容，回答下列问题。<br>（1）气体摩尔体积的定义是什么？<br>（2）气体摩尔体积的符号和单位是什么？<br>（3）气体摩尔体积的计算公式是什么？<br>（4）气体摩尔体积的数值是什么？ | 预习书本内容，小组讨论、回答问题 | 培养学生自主学习的能力 |

### 教学环节四：迁移应用，再认识气体的摩尔体积

通过对于气体摩尔体积的相应练习，加深巩固气体的摩尔体积的知识，让学生更加透彻地认识气体的摩尔体积。

| 教师活动 | 学生活动 | 设计意图 |
|---|---|---|
| 练习：判断下列说法是否正确，正确的画"√"，错误的画"×"。<br>1. 标准状况下，1mol任何物质的体积都约为22.4L。（　　）<br>2. 任何条件下，气体的摩尔体积都是22.4L/mol。（　　）<br>3. 标准状况下，1mol氧气和氮气的混合气体的体积约为22.4L。（　　）<br>4. 1mol氮气和1mol氧气的体积相同。（　　）<br>5. 22.4L气体所含分子数一定大于11.2L气体所含分子数。（　　） | 小组讨论、合作回答。 | 培养学生自主学习和合作交流的能力，同时让学生自我感悟气体摩尔体积的注意事项。 |
| 师：气体摩尔体积注意事项：<br>（1）研究对象必须是气体。<br>（2）气体可以是单一气体也可以是混合气体。<br>（3）标准状况（0℃，$1.01 \times 10^5$Pa）下，气体摩尔体积数值为22.4L/mol | 聆听 | 加深理解 |
| 课堂小结：请同学们对本节学习内容进行总结。 | 总结并畅谈收获和感受 | 自我总结，感悟收获 |
| 课堂练习：<br>1. 16g氧气的体积为（　　）<br>A. 11.2L　　　　　　B. 22.4L<br>C. 5.6L　　　　　　D. 不一定<br>2. 请完成下列计算。<br>（1）0.5mol HCl占有的体积是多少？<br>（2）33.6L $H_2$的物质的量是多少？<br>（3）16g $O_2$的体积是多少？<br>（4）44.8L $N_2$中含有的$N_2$分子数是多少？ | 学生讨论后回答 | 练习反馈 |
| 作业布置：<br>课后P61第2题，P63第6题 | 完成作业 | 为下节课的学习做好铺垫 |

## 七、教学反思

"气体的摩尔体积"这节课为高一化学第二章第三节内容，从属于化学基本概念知识，对于高一学生而言，整体内容较为抽象，接受比较困难。本节课有探究性问题和概念性问题，采用问题的形式，让学生通过自主预习、合作交流的模式解决问题，以此来强化对知识的理解。当然在实际教学过程中发现，部分学生没有充分地参与到活动中来，留给学生的时间不够等，需进一步优化问题的设计和时间的安排。

## 八、板书设计

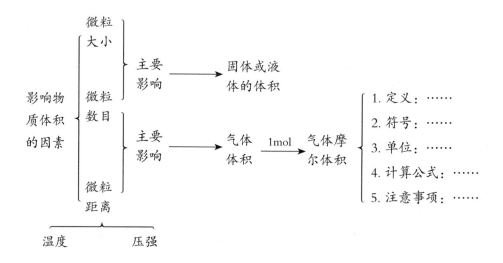

# 第三课时　物质的量浓度

## 一、教学分析

### （一）课标分析

**内容要求：**《普通高中化学课程标准（2017年版2020年修订）》明确指出，了解物质的量浓度及其相关物理量的含义和应用，能熟练掌握一定物质的量浓度溶液配制的操作及误差分析。

**学业要求：**《普通高中化学课程标准（2017年版2020年修订）》明确指出，能基于物质的量浓度认识物质组成及其化学变化，运用物质的量浓度、质量、微粒数目之间的相互关系进行简单的计算，掌握一定物质的量浓度溶液配制的操作及误差分析。

## （二）教材内容分析

本节是人教版化学必修第一册第二章第三节"物质的量"第三课时"物质的量浓度"的内容。前面已经安排了"物质的量的单位——摩尔""气体的摩尔体积"两个课时，"物质的量的单位——摩尔"讨论的是所有的状态下质量和微粒数目的关系。"气体的摩尔体积"讨论的是气体状态下体积和微粒数目的关系。"物质的量浓度"讨论的是溶液状态下微粒数目的含量，进一步强化学生用微观的眼光去看待事物，该内容通过实验——一定物质的量浓度溶液的配制，强化学生的实验操作和分析实验的能力，进一步体现化学实验在化学教学中的重要性。

## （三）学情分析

本节课是第三节的第三课时，首先通过前面两课时的学习，学生已经初步具备了宏观辨识与微观探析的核心素养；其次学生在初中已经知道可以用质量分数来表示溶质的含量并能进行简单的计算，这对于本节课的学习有很大的帮助。但是，大多数学生并不擅长计算和实验操作。

# 二、教学目标

**知识目标：**

（1）初步理解和运用物质的量浓度的概念并进行简单的计算。

（2）了解溶质的质量分数与物质的量浓度的关系和换算。

（3）掌握一定物质的量浓度溶液的配制操作步骤和简单的误差分析。

**能力目标：**

（1）通过物质的量浓度的学习，诊断并发展学生宏观辨识与微观探析的学科核心素养。

（2）通过一定物质量浓度的配制，诊断并发展学生实验操作分析能力、误差分析的思维模型。

# 三、教学重难点

教学重点：物质的量浓度的计算，一定物质的量浓度的配制。

教学难点：一定物质的量浓度的配制。

## 四、教学方法

小组讨论法、问题驱动法、多媒体辅助法（演示实验展台）。

## 五、教学设计思路

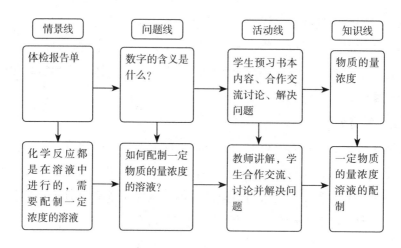

## 六、教学过程

### 教学环节一：情境创设，提出问题

通过生活中常见的体检报告单，引发学生对数据的思考，从而提出问题，培养学生对生活现象进行思考的能力。

| 教师活动 | 学生活动 | 设计意图 |
|---|---|---|
| 情境创设：同学们老师最近生病去医院，医生让我抽血化验，再判断生病情况。<br>投影：<table><tr><td>序号</td><td>项目名称</td><td>英文缩写</td><td>检查结果</td><td>单位</td><td>参考范围</td></tr><tr><td>12</td><td>*钾</td><td>K</td><td>4.1</td><td>mmol/L</td><td>3.5~5.5</td></tr><tr><td>13</td><td>*钠</td><td>Na</td><td>140</td><td>mmol/L</td><td>135~145</td></tr><tr><td>14</td><td>*氯</td><td>Cl</td><td>103</td><td>mmol/L</td><td>96~111</td></tr><tr><td>15</td><td>*钙</td><td>Ca</td><td>2.43</td><td>mmol/L</td><td>2.13~2.70</td></tr><tr><td>16</td><td>胱抑素C</td><td>CysC</td><td>0.78</td><td>mg/L</td><td>0.59~1.03</td></tr><tr><td>17</td><td>*肌酐（酶法）</td><td>Cr（E）</td><td>74</td><td>μmol/L</td><td>59~104</td></tr></table> | 观察、聆听、感悟 | 用生活中常见的现象引出问题，培养学生思考问题的能力 |

| 教师活动 | 学生活动 | 设计意图 |
| --- | --- | --- |
| <table>序号 / 项目名称 / 英文缩写 / 检查结果 / 单位 / 参考范围</table> | 分组讨论，回答问题 | 创设情境导入 |

| 序号 | 项目名称 | 英文缩写 | 检查结果 | 单位 | 参考范围 |
| --- | --- | --- | --- | --- | --- |
| 18 | *尿素 | Urea | 4.18 | mmol/L | 2.78～7.14 |
| 19 | *葡萄糖 | Glu | 5.1 | mmol/L | 3.9～6.1 |
| 20 | *尿酸 | UA | 310 | μmol/L | 210～416 |
| 21 | *无机磷 | P | 1.19 | mmol/L | 0.81～1.45 |
| 22 | *总胆固醇 | TC | 4.65 | mmol/L | 2.85～5.70 |
| 23 | *甘油三酯 | TG | 1.50 | mmol/L | 0.45～1.70 |
| 24 | 高密度脂蛋白胆固醇 | HDL–C | 1.08 | mmol/L | 0.93～1.81 |

师：同学们能帮我看一下体检报告单里面数字的含义吗？

体检报告单里面的数据体现了血液里面物质的含量，也就是本节课所学习的内容

（板书：第三课时物质的量浓度）

**教学环节二：预习书本内容，探究物质的量浓度**

预习教材P58内容，探究物质的量浓度的相关知识，培养学生自主学习、解决实际问题的能力。

| 教师活动 | 学生活动 | 设计意图 |
| --- | --- | --- |
| 师：请同学们预习书本P58内容，回答下列问题。<br>（1）物质的量浓度的定义是什么？<br>（2）物质的量浓度的符号和单位是什么？<br>（3）物质的量浓度的计算公式是什么？<br>例：配制500mL 0.1mol/L NaOH溶液需要NaOH的质量是多少？<br>解：$n(NaOH) = c(NaOH) \cdot V[NaOH(aq)] = 0.1mol/L \times 0.5L = 0.05mol$<br>$m(NaOH) = n(NaOH) \cdot M(NaOH) = 0.05mol \times 40g/mol = 2g$<br>练习：<br>1. 1L溶液中含1mol NaCl，则NaCl的物质的量浓度是_____。 | 预习书本内容，小组讨论、回答问题。<br>合作讨论、计算 | 抓取书本有用的信息，培养学生自主学习能力。<br><br>强化物质的量浓度的计算 |

续 表

| 教师活动 | 学生活动 | 设计意图 |
|---|---|---|
| 2. 1L溶液中含有0.5mol NaCl，则NaCl的物质的浓度是＿＿＿＿＿＿。<br>师：对于溶液中溶质的含量，除了可以用物质的量浓度表示之外，还可以用常见的质量分数表示。<br>（1）物质的量浓度和质量分数表示的范围一样吗？<br>（2）物质的量浓度和质量分数二者有何联系？ | 回答问题 | 学练结合 |

**教学环节三：一定物质量的浓度溶液的配制**

通过上一环节影响气体体积因素的学习，引出气体的摩尔体积相关知识，由学生自己语言组织相关的概念。

| 教师活动 | 学生活动 | 设计意图 |
|---|---|---|
| 师：许多化学反应都是在溶液中进行的，需要配制一定浓度的溶液，如何配制一定物质的量浓度的溶液，就是接下来学习的内容。<br>仪器介绍：容量瓶。<br>讲解：容量瓶是配制准确物质的量浓度溶液的仪器。容量瓶有各种不同规格，常用的有50mL、100mL、250mL、500mL和1000mL等几种。容量瓶颈部有标线，瓶上标有温度和容量。容量瓶只能配对应体积的溶液，因此，在选择时，要使容量瓶的容积等于或略大于所需。容量瓶的使用有一定的温度限制，容量瓶不能作为盛放液体的容器或反应容器使用，也不能加热。<br>检查容量瓶是否漏水的方法：往瓶内加水，塞好瓶塞。用一只手指顶住瓶塞，用另一手托住瓶底，把瓶倒立。观察瓶塞周围是否漏水，若不漏水，旋转180°，仍把瓶倒立过来，再检验是否漏水。<br>"实验2-10"：配制100mL,1.00mol/L NaCl溶液。<br>计算：计算需要NaCl固体的质量：＿＿＿＿g | 聆听、观察。<br><br>体验找三个标识。<br><br>量程选择 | 培养学生遇到新的仪器时，应该先思考该仪器的使用方法以及注意事项的意识 |

| 教师活动 | 学生活动 | 设计意图 |
|---|---|---|
| 称量：根据计算结果，用托盘天平称量NaCl固体。<br>思考与讨论：托盘天平的使用方法。<br>溶解：将称好的NaCl固体放入烧杯，加入适量蒸馏水，用玻璃棒搅拌，使NaCl固体全部溶解。<br>思考与讨论：玻璃棒的作用是什么？<br>将烧杯中的溶液沿玻璃棒注入100mL容量瓶，并用少量蒸馏水洗涤烧杯内壁和玻璃棒2~3次，将洗涤液也都注入容量瓶。轻轻摇动容量瓶，使溶液混合均匀。<br>思考与讨论：<br>（1）玻璃棒的作用是什么？<br>（2）洗涤烧杯内壁和玻璃棒的目的是什么？<br>将蒸馏水注入容量瓶，当液面离容量瓶颈部的刻度线1~2cm时，改用胶头滴管滴加蒸馏水至溶液的凹液面与刻度线相切。盖好瓶塞，反复上下颠倒，摇匀。<br>思考与讨论：视线与凹液面是什么关系？<br>将配制好的溶液倒入试剂瓶，并贴好标签。<br>展示一定物质的量浓度溶液的配制视频。<br>师：在实际操作时你知道为什么这样做吗？<br>让学生回答下列问题。<br>（1）为什么要用蒸馏水洗涤烧杯内壁和玻璃棒2~3次，并将洗涤液也都注入容量瓶？<br>（2）如果将烧杯中的溶液转移到容量瓶时不慎洒到容量瓶外，最后配成的溶液中溶质的实际浓度比所要求的大了还是小了？<br>（3）如果在读数时，仰视或者俯视容量瓶上的刻度线，最后配成的溶液中溶质的实际浓度比所要求的大了还是小了？ | 预习书本内容，小组讨论、回答问题。<br><br><br><br><br>学生代表回答：搅拌、引流。<br><br><br><br><br><br><br><br><br><br>学生举手答：溶质流失，偏小仰视刻度定容，$V$偏大，$C$偏小 | 通过教师对实验操作的逐步引导，培养学生实验操作、分析问题的能力。<br><br><br><br><br><br><br><br><br>培养学生误差分析的能力，并使学生学会初步解释操作不当引起的误差 |

**教学环节四：迁移应用，稀释溶液**

　　了解到了固体的配制，那么对于溶液又该如何配制，从而引出溶液稀释的计算公式。

| 教师活动 | 学生活动 | 设计意图 |
|---|---|---|
| 师：掌握了一定浓度的固体配制，那么对于溶液，我们又该如何配制呢？请问溶液稀释前后溶质的量是否会发生变化？<br>稀释定律：<br>c（浓溶液）×V（浓溶液）=c（稀溶液）×V（稀溶液） | 聆听、观察 | 由稀释前后溶质质量不变联想到稀释前后溶质的物质的量不变，培养学生宏观辨识与微观探析的核心素养 |
| 课堂小结：请同学们对本节学习内容进行总结。 | 总结并畅谈收获和感受 | 自我总结，感悟收获 |
| 课堂练习：<br>有下列化学仪器：①托盘天平；②玻璃棒；③药匙；④烧杯；⑤量筒；⑥容量瓶；⑦胶头滴管；⑧细口试剂瓶；⑨标签纸。<br>（1）现需要配制500mL 1mol/L硫酸溶液，需用质量分数为98%、密度为1.84g/cm³的浓硫酸_____mL。<br>（2）将上述仪器，按实验使用的先后顺序排列，其编号是_____。<br>（3）容量瓶使用前检验漏水的方法是：_____。<br>（4）若实验遇到下列情况，对所配制硫酸溶液的物质的量浓度有何影响（填"偏高""偏低"或"不变"）？<br>用以稀释硫酸的烧杯未洗涤，_____。<br>未经冷却就将溶液注入容量瓶，_____。<br>摇匀后发现液面低于刻度线再加水，_____。<br>容量瓶中原有少量蒸馏水，_____。<br>定容时俯视观察液面_____。 | 学生思考，分组讨论并且回答问题。 | 练习巩固，误差分析 |
| 作业布置：<br>课后P61第4、5、6题，P64第12题 | 完成作业 | 为下节课的学习做好铺垫 |

## 七、教学反思

本节课主要学习物质的量浓度和一定物质的量浓度溶液的配制两个内容。对于物质的量浓度的概念及简单的计算，学生基本都能掌握。对于一定物质的量浓度溶液的配制的实验，它是一个实践性、操作性很强的内容，由于课时原因，无法让学生动手做实验，主要以操作和误差分析为主，这使得课堂的理论性比较强，因此在教学中我尽量让学生通过自己的思考去体会实验步骤，然后以问题的形式分析每一步应注意的问题，这样充分调动了学生学习的积极性。

## 八、板书设计

| 主板书： | 副板书： |
|---|---|
| **物质的量浓度** | 物质的量浓度与质量分数的关系 |
| 一、物质的量浓度：单位体积的溶液所含溶质B的物质的量。 | $c=\dfrac{1000\rho\omega}{M（B）}$ |
| 符号和计算：$cB=\dfrac{n_B}{V}$；单位：摩尔（mol/L） | |
| 二、配制一定物质的量浓度的溶液 | |
| 1. 操作步骤： | |
| （1）计算 | |
| （2）称量 | |
| （3）溶解 | |
| （4）转移 | |
| （5）定容 | |
| （6）摇匀 | |
| （7）贴标签 | |
| 2. 简单误差分析： | |

第 三 章

"铁　金属材料"
教学设计

# 第三章整体规划

铁　金属材料（5课时）

| 节/课时 | 具体内容与课时规划 | 备注 |
|---|---|---|
| 第一节<br>铁及其化合物/<br>共3课时 | 第一课时：铁、铁的氧化物<br>第二课时：铁的氢氧化物<br>第三课时：铁盐和亚铁盐 | 1. 本节内容要整合，熟悉三价铁的性质。<br>2. 总结二价铁和三价铁相互转化方法及$Fe^{3+}$、$Fe^{2+}$的检验方法 |
| 第二节<br>金属材料/<br>1课时 | 常见的合金材料（包含铝合金）、新型合金及其应用，铝单质、氧化铝的性质<br>注：物质的量在方程式计算中的应用（前面的课堂已讲到） | 本节内容要整合，由于金属材料较简单，把铝及其氧化物的性质整合 |
| 章末复习/1课时 | 全章复习 | 略 |

# 第一节　铁及其化合物

## 第一课时　铁、铁的氧化物

### 一、教学分析

#### （一）课标分析

**内容要求**：了解铁、铁的氧化物的主要性质，了解它们在生产中的应用。

**学业要求**：

（1）能从物质类别、元素价态的角度认识、了解铁及铁的氧化物的化学性质。

（2）能用化学方程式、离子方程式正确表示铁及铁的氧化物的主要化学性质。

（3）能从物质类别、元素价态的角度，依据复分解反应和氧化还原反应原理，预测铁盐、亚铁盐的性质。

#### （二）教材内容分析

本节教学内容选自人教版高中化学必修 1 第三章"铁　金属材料"第一节"铁及其化合物"第一课时。教材介绍了铁及其氧化物的有关常识，包括铁做还原剂、铁粉与水蒸气的反应、人体中的铁元素三个主要知识点，对学生的要求逐级提高，因此，在设计教学活动时，可遵循教材思路，让学生由感性认识——了解铁及其氧化物的生产生活常识，进而构建价—类二维视角，分析其为什么可以有如此应用。

#### （三）学情分析

在初中化学的学习中，学生了解了单质铁可以与氧气、盐酸、硫酸铜溶液反应，铁的氧化物可以用作颜料，对铁单质有了一定的印象，在上一章内容学习了铁与氯气的反应，所以学生对铁及其氧化物有初步宏观的感性认识，但是对于铁及其氧化物为什么可以发生这些反应却知之甚少，对于陌生物质的认识与分析也没有系统的思路与方法。

因此，本节课以铁及其氧化物在日常生产生活中的应用创设情境，引导学生从宏观的感性认识出发，初步建立分析物质的一般思路与方法，再由单质铁与水蒸气的反应，进一步强化分析物质的一般思路与方法，充分发展学生宏观辨识与微观探析、证据推理与模型认知的化学学科核心素养。

## 二、教学目标

**知识目标：**

（1）通过书写铁、铁的氧化物的化学式，发展从物质类别及元素价态两个角度认识物质的元素观。

（2）运用价—类二维图，预测铁及其氧化物的性质，并设计实验初步验证。建立基于类别和化合价研究物质性质的思路方法。

**能力目标：**

（1）通过能否利用价—类二维图梳理铁及其化合物，表达是否有价—类二维角度，诊断学生是否建立了基于类别和价态预测物质性质的思路方法。

（2）通过能否明确实验目的、选择试剂、说明依据、预测现象，诊断并发展学生形成设计物质性质、验证实验方案的一般思路。

## 三、教学重难点

教学重点：基于物质类别和元素价态视角认识铁及其氧化物的性质。

教学难点：建立基于物质类别和元素价态认识物质性质的视角。

## 四、教学方法

问题驱动法、小组讨论法。

## 五、教学设计思路

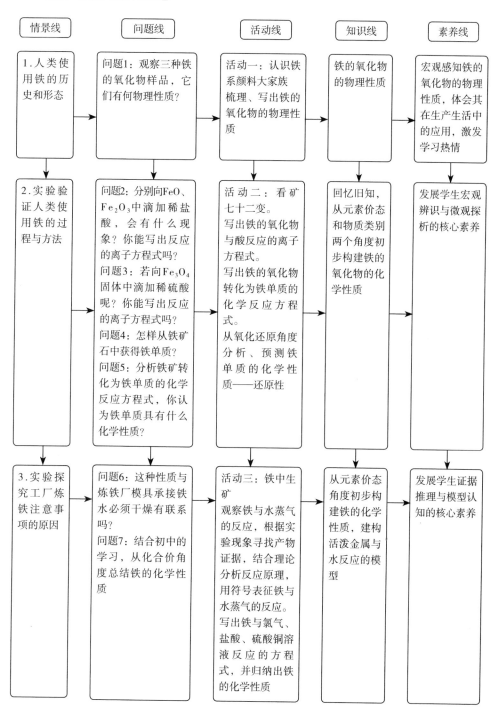

| 情景线 | 问题线 | 活动线 | 知识线 | 素养线 |

1.人类使用铁的历史和形态

问题1：观察三种铁的氧化物样品，它们有何物理性质？

活动一：认识铁系颜料大家族梳理、写出铁的氧化物的物理性质

铁的氧化物的物理性质

宏观感知铁的氧化物的物理性质，体会其在生产生活中的应用，激发学习热情

2.实验验证人类使用铁的过程与方法

问题2：分别向FeO、$Fe_2O_3$中滴加稀盐酸，会有什么现象？你能写出反应的离子方程式吗？
问题3：若向$Fe_3O_4$固体中滴加稀硫酸呢？你能写出反应的离子方程式吗？
问题4：怎样从铁矿石中获得铁单质？
问题5：分析铁矿转化为铁单质的化学反应方程式，你认为铁单质具有什么化学性质？

活动二：看矿七十二变。
写出铁的氧化物与酸反应的离子方程式。
写出铁的氧化物转化为铁单质的化学反应方程式。
从氧化还原角度分析、预测铁单质的化学性质——还原性

回忆旧知，从元素价态和物质类别两个角度初步构建铁的氧化物的化学性质

发展学生宏观辨识与微观探析的核心素养

3.实验探究工厂炼铁注意事项的原因

问题6：这种性质与炼铁厂模具承接铁水必须干燥有联系吗？
问题7：结合初中的学习，从化合价角度总结铁的化学性质

活动三：铁中生矿
观察铁与水蒸气的反应，根据实验现象寻找产物证据，结合理论分析反应原理，用符号表征铁与水蒸气的反应。
写出铁与氯气、盐酸、硫酸铜溶液反应的方程式，并归纳出铁的化学性质

从元素价态角度初步构建铁的化学性质，建构活泼金属与水反应的模型

发展学生证据推理与模型认知的核心素养

123

## 六、教学过程

### 教学环节一：认识铁的氧化物

| 教师活动 | 学生活动 | 设计意图 |
|---|---|---|
| 创设情境：铁是目前产量最大、使用最广泛的金属，从古至今人类都在广泛地使用不同形态的"铁"。<br>播放视频——铁及其氧化物的应用<br>（板书：铁及其氧化物） | 观看视频。<br>了解铁及其氧化物在生产生活中的应用 | 了解铁及其化合物在生产生活中的应用，激发学生学习热情 |
| 展示铁的三种氧化物。<br>问题1：观察三种铁的氧化物样品，它们有何物理性质？ | 观察物质。<br>举手抢答，观察、思考 | 从宏观视角感性认识铁的氧化物，了解其物理性质，符合学生认知 |

以人类使用"铁"的历史与形态作为情境线贯穿课堂。活动一的开展让学生参与课堂活动，充分调动学生的积极性，提升学生的表达能力与观察能力。先从宏观视角感性认识铁的氧化物，符合学生认知。

### 教学环节二：初建"价—类"二维视角

从人对铁的氧化物的感性认识——宏观辨识铁的氧化物与不同物质反应现象不同，上升到铁的氧化物的化学性质——从物质类别与元素价态两个角度探析其变化过程，并用符号表征，充分发展学生宏观辨识与微观探析、证据推理与模型认知等化学学科核心素养。

| 教师活动 | 学生活动 | 设计意图 |
|---|---|---|
| 过渡：三种氧化物的物理性质不同，那它们的化学性质呢？我们一起来探究。<br>问题2：分别向$FeO$、$Fe_2O_3$中滴加稀盐酸，会有什么现象？你能写出反应的离子方程式吗？<br>追问：书写方程式的依据是什么？<br>引导学生从物质类别的视角分析物质的化学性质。<br>$FeO$、$Fe_2O_3$为碱性氧化物，能与酸反应生成对应价态的盐和水 | 回忆旧知，写出$FeO$、$Fe_2O_3$与稀盐酸反应的离子方程式，并说明书写离子方程式的依据 | 新旧联系，诊断学生迁移应用知识的水平，初步从物质类别视角认识物质性质 |

续　表

| 教师活动 | 学生活动 | 设计意图 |
| --- | --- | --- |
| 问题3：若向$Fe_3O_4$固体中滴加稀硫酸呢？你能写出反应的离子方程式吗？<br>（板书：碱性氧化物与酸反应，生成对应价态的盐和水） | 根据所述依据，写出$Fe_3O_4$与稀硫酸反应的离子方程式；从物质类别视角归纳铁的氧化物的化学性质 | |
| 问题4：从物质类别视角分析，常见的铁矿石可以与酸反应，那能否从铁矿石中获得铁单质呢？<br>问题5：利用双线桥分析铁矿转化为铁单质的化学反应方程式，你认为铁单质具有什么化学性质？ | 回忆旧知，写出高炉炼铁的化学反应方程式。<br>利用双线桥分析$Fe_2O_3$转化为铁单质的方程式，得出结论：铁单质具有还原性 | 新旧联系，诊断学生迁移应用知识的水平，初步从元素价态视角认识物质性质 |

**教学环节三：运用"价—类"二维视角**

通过观察、分析实验现象，验证铁单质的性质，诊断并发展学生的知识迁移能力。

| 教师活动 | 学生活动 | 设计意图 |
| --- | --- | --- |
| 问题6：炼铁厂模具承接铁水必须干燥，这一要求与铁单质具有还原性有什么联系？<br>追问1：铁若能与水蒸气反应，产物可能是什么？理由是什么？<br>播放视频：《铁与水蒸气的反应》。<br>追问2：教材图3-5所示装置各部分的作用是什么？如何进一步设计实验，证实产物为四氧化三铁？<br>问题7：回忆初中所学，单质铁还能与哪些常见物质发生反应？从化合价角度总结铁的化学性质。<br>（板书：铁的化学性质——还原性） | 类比金属钠与水反应，猜测铁与水蒸气的反应，并说明理由。<br>观察实验现象。<br>运用氧化还原理论，结合实验现象，表征铁与水蒸气的反应方程式。<br>结合四氧化三铁的性质，设计实验验证产物为四氧化三铁 | 利用双线桥分析铁与水蒸气反应的方程式，得出结论：铁被水氧化到介于+2和3价之间，引出课本思考与讨论，铁单质与强弱不同的氧化剂反应的产物不同，认识化学反应的复杂性，强化对金属通性的认识 |
| 布置作业：<br>思考：检验四氧化三铁的方法中，产物$Fe^{2+}$、$Fe^{3+}$能否进一步检验？为什么？ | 完成作业 | 为下节课的学习奠定基础 |

## 七、教学反思

教师的教学活动应服务于学生的化学学习活动，"授人以鱼，不如授人以渔"。

本节课以人类使用"铁"为情境线，以"价—类"二维视角作为主线，通过设置问题驱动完成知识线的建构。我对本节课的设计及实施有以下评价：

视频："铁"的应用的情境引课，激发学生的学习兴趣，活跃气氛，为后续学习埋下伏笔。活动一认识铁系颜料家族，宏观视角感性认识铁及其氧化物的物理性质；活动二铁的氧化物的转化，联系旧知，表征铁的氧化物的转化；活动三类比金属钠与水的反应，观察铁与水蒸气反应的实验现象，表征铁与水蒸气的反应，充分体现学生的主体地位。学生对铁及其氧化物的宏观认识上升到微观层面，提升学生宏观辨识与微观探析、证据推理与模型认知等学科核心素养。在课堂的结尾回归生活，巩固提升的同时让学生意识到化学来源于生活并服务于生活。

## 八、板书设计

一、铁的氧化物

1. 物理性质

2. 化学性质 {
价态视角：具有氧化性

类别视角：碱性氧化物，可以与酸反应
}

二、单质铁

1. 物理性质

2. 化学性质 {
价态视角：具有还原性

类别视角：金属通性
}

# 第二课时 铁的氢氧化物

## 一、教学分析

### （一）课标分析

**内容要求**：认识铁的氢氧化物的主要性质及制备。

**学业要求**：能利用物质性质设计铁的氢氧货物的制备。

### （二）教材内容分析

教材介绍了铁的两种氢氧化物的制取，以及它们之间的相互转换。

### （三）学情分析

学生前面已经学习了铁的单质，并且对于氧化还原反应和离子反应的知识点已经初步了解，但是对于如何将化学方程式转化为离子方程式以及离子方程式的书写还不是很熟练，逻辑思维能力还有待提高。

## 二、教学目标

**知识目标**：

（1）通过实验探究铁的氢氧化物，能用化学方程式和离子方程式正确表达。

（2）通过学习铁及其化合物，学会从物质类别和元素价态的视角认识物质之间的转化关系。

**能力目标**：

（1）通过实验探究铁的氢氧化物的交流与点评，诊断并发展学生的实验探究能力。

（2）通过从不同视角学习铁及其化合物的交流与点评，诊断并发展学生对化学反应的认识水平。

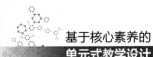
## 三、教学重难点

教学重点：铁的氢氧化物的性质与制备。

教学难点：铁的氢氧化物的制备。

## 四、教学方法

问题驱动法、小组讨论法、实验验证法。

## 五、教学设计思路

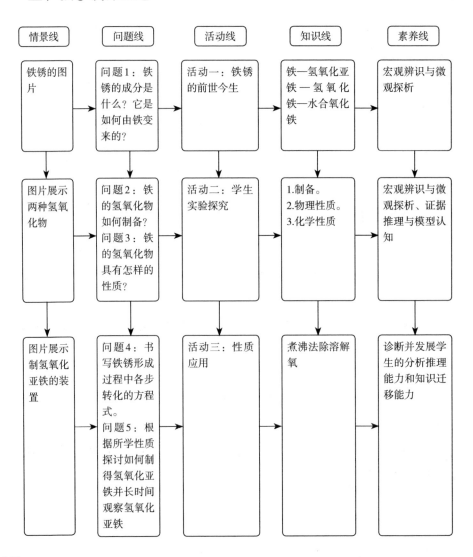

## 六、教学过程

### 教学环节一：铁锈的前世今生

向学生展示铁锈图片，结合上节课学习的铁及其氧化物，考查学生对铁锈成分的认识，并结合所学知识分析是否直接是铁与氧气化合所得，到底如何得到引入新课的学习。通过与平时认知的冲突调动学生的积极性。

| 教师活动 | 学生活动 | 设计意图 |
| --- | --- | --- |
| 情境创设：展示图片。<br><br>问题1：表面是什么？主要成分是什么？<br>追问：是不是氧气直接与铁反应生成的？结合所学思考、讨论并回答。<br>解说：实际上铁与氧气单独在常温下是难以反应的，铁锈的出现经历了铁—氢氧化亚铁—氢氧化铁—水合氧化铁的过程，而这其中铁和氧化铁的性质我们已经学过，今天我们再看一下铁的氢氧化物的性质<br>（板书：铁的氢氧化物） | 回答：铁锈，主要成分是$Fe_2O_3$。<br><br>学生交流、讨论、回答 | 通过简单的生活问题与所学知识的认知冲突，引发学生思考并使学生对本堂课产生浓厚的兴趣从而引入新课 |

### 教学环节二：实验探究

化学是一门从实验中来的学科，通过学生实验使学生动手做、动眼看，加深学生的印象，激发学生的学习热情，并使学生学会与所学知识对照得出相应的原理、结论。

| 教师活动 | 学生活动 | 设计意图 |
| --- | --- | --- |
| 转折：我们要研究铁的氢氧化物的性质，首先要将其制备出来，请思考如何制备？ | 思考、回答 | 温故知新，学以致用 |

续　表

| 教师活动 | 学生活动 | 设计意图 |
|---|---|---|
| 问题2：为什么氢氧化亚铁的白色会快速变为灰绿色，最终变为红褐色？阅读课本并回答。<br>强调：这既是氢氧化亚铁沉淀颜色变化的原因，也是铁锈形成过程中存在的一个反应。<br>问题3：铁的氢氧化物属于什么类别的物质，具有怎样的性质？<br>请书写它们与盐酸反应的离子方程式。<br>问题4：铁锈形成过程中氢氧化铁到水合氧化铁如何实现的？<br>强调：这也是大部分氢氧化物所具有的共性——受热易分解。<br>（板书：c.受热分解） | 分组实验制备氢氧化物，观察并记录现象，交流现象。<br>（氢氧化亚铁：白色—灰绿—红褐色；氢氧化铁：红褐色）<br>阅读、回答。<br>思考、回答：与酸反应生成盐和水。<br>学生实验：氢氧化物中加酸。<br>书写它们与盐酸反应的离子方程式。<br>思考、交流、回答。<br>听讲、记录 | 宏观辨识与微观探析。<br><br><br>运用所学知识，巩固所学知识 |

**教学环节三：性质应用**

学生在学习了氢氧化物的基本性质后，常常不能将它们与生活实际联系起来，通过本环节使学生将所学知识与现实生活及练习问题联系起来，实现知识的应用，培养学生化学学科核心素养。

| 教师活动 | 学生活动 | 设计意图 |
|---|---|---|
| 问题5：书写铁锈形成过程中各步转化的方程式。<br>问题6：根据所学性质探讨如何制得氢氧化亚铁并长时间观察氢氧化亚铁？ | 交流、讨论、书写。<br><br>交流、讨论，明确各步操作的目的及原理。 | 体会科学探究与创新意识、科学精神与社会责任。<br>体会陌生方程式书步骤。<br>明确煮沸可降低气体溶解度 |
| 课堂小节及作业布置 | 完成作业 | 总结本堂课内容并布置作业让学生课后巩固所学 |

## 七、教学反思

本课时主要介绍氢氧化亚铁和氢氧化铁的制备及性质，教学中主要采用实验探究、设计实验、观察、思考、讨论的方法。本课时教学可落实科学探究素养的培养，教学过程中要多引导学生对所学氧化还原反应理论和离子反应理论进行应用，及时小结，留足时间让学生理解原理。本课时通过铁锈的形成过程中存在的转化关系将氢氧化物的主要性质串联起来，但是在部分陌生方程式书写上因学生没有学习电化学原理需要加强引导。

## 八、板书设计

三、铁的氢氧化物

1. 物理性质

2. 制备

3. 化学性质

a. $4Fe(OH)_2+O_2+2H_2O \stackrel{\phantom{=}}{=\!=\!=} 4Fe(OH)_3$

b. 与酸反应

c. 受热分解

# 第三课时　铁盐和亚铁盐

## 一、教学分析

### （一）课标分析

**内容要求**：认识三价铁的氧化性和二价铁的还原性，学习$Fe^{2+}$、$Fe^{3+}$的检验方法。

**学业要求**：$Fe^{2+}$、$Fe^{3+}$的检验，$Fe^{2+}$、$Fe^{3+}$的转化。

### （二）教材内容分析

铁盐和亚铁盐是学生学习铁的变价的主要载体，在铁的化合物学习中有着举足轻重的作用。学习了教材第一章离子反应和氧化还原反应这两部分内容后，学生可以根据氧化还原反应的知识预测和探究物质的性质，通过此内容学习加深对氧化还原反应的理解和运用，为学习元素化合物的内容打下坚实的基础，同时培养元素观、微粒观、变化观、分类观、实验观等化学学科观念，进一步培养化学学科核心素养。

**（三）学情分析**

（1）学生在前面2个课时已经学习了铁、铁的氧化物、铁的氢氧化物，形成了认识金属及其化合物的微观视角，建构了"铁三角"的认知模型。

（2）学生已经有了从化合价角度认识物质氧化性、还原性的基础。

## 二、教学目标

**知识目标：**

（1）通过视频创设的情境，了解铁元素对人体的重要性，培养科学精神与社会责任的学科素养。

（2）通过完成"研究$Fe^{2+}$与$Fe^{3+}$化学性质及转化"的任务，经历性质预测、选择试剂、预测产物及现象、实验观察、分析结论等过程，逐步形成"价—类"二维视角的思维，学会从"价—类"的视角认识有变价元素物质的性质及相互间的转化关系，培养模型认知与证据推理的素养。

**能力目标：**

（1）通过对$Fe^{2+}$、$Fe^{3+}$的检验的学习，诊断并发展学生对物质本质的认知水平（定性水平、定量水平）。

（2）通过对$Fe^{2+}$、$Fe^{3+}$的转化，诊断并发展学生综合认知水平（内涵水平、外延水平）。

（3）通过对补血口服液成分的分析和讨论，诊断并发展学生对化学价值的认知水平（学科价值视角、社会价值视角）。

## 三、教学重难点

教学重点：$Fe^{2+}$、$Fe^{3+}$的检验，$Fe^{2+}$、$Fe^{3+}$+的转化。

教学难点：$Fe^{2+}$、$Fe^{3+}$的转化。

## 四、教学方法

注重应用无机物的认知模型，建立研究物质性质及转化的思路，建立基于"价—类"二维视角研究物质的一般程序。通过教师的追问和学生的反馈来促进学生对知识及方法的内化，将学生的预测、方案设计等思路呈现出来，从而诊断学生的障碍点，发展学生的发展点。

## 五、教学设计思路

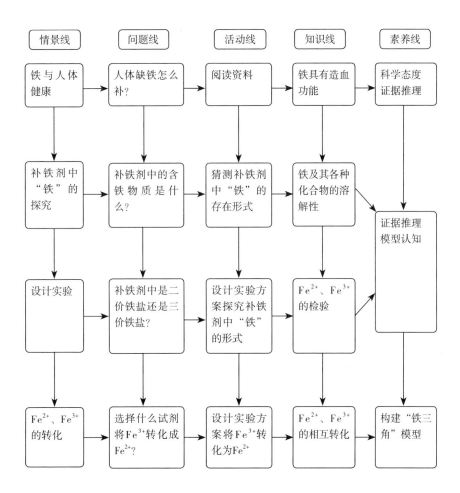

## 六、教学过程

| 教学环节 | 教师活动 | 学生活动 | 设计意图 |
|---|---|---|---|
| （一）创设情境，引入新课。 | 列举铁与人体健康的图片，并且阅读教材70页人体中的铁元素提出问题：补铁剂中的含铁物质是什么？ | 阅读、思考，回答问题 | 利用真实情境素材引出问题。通过提取教材信息解决问题，诊断并发展学生实验探究的水平 |
| （二）建立实验推理模型，探究补铁剂中"铁"存在形式。 | （1）提出实验探究模型：提出问题→假设猜想→设计方案→进行实验→收集证据→现象解释→得出结论。（2）根据猜想，结合Fe（OH）$_2$和Fe（OH）$_3$的实验现象，检验Fe$^{2+}$、Fe$^{3+}$的存在。（3）除此之外，还可以用哪些试剂检验Fe$^{2+}$，Fe$^{3+}$的存在？ | 小猜想1：样品溶液中只含有Fe$^{2+}$。猜想2：样品溶液中只含有Fe$^{3+}$。猜想3：样品溶液中既存在Fe$^{2+}$，也存在Fe$^{3+}$。组合做实验，记录实验现象，综合分析，得出结论：补铁剂里面铁元素由Fe$^{2+}$构成。 | 建立实验探究基本模型，培养学生模型认知与证据推理的学科核心素养 |
| | 教师演示实验：向FeCl$_3$溶液中滴加KSCN溶液，向FeCl$_2$滴加铁氰化钾观察现象 | 观察并记录现象：Fe$^{3+}$遇KSCN显血红色，Fe$^{2+}$遇铁氰化钾显蓝色 | |
| （三）探究Fe$^{2+}$、Fe$^{3+}$的转化。 | 教师演示"实验3-3"：向盛有2mL FeCl$_3$溶液的试管中加入过量铁粉，振荡试管。充分反应后，滴入几滴KSCN溶液，观察并记录现象。把上层清液倒入另一支试管，再滴入几滴氯水，又发生了什么变化？ | 观察并记录现象：开始无明显现象，再加入几滴氯水后溶液变为血红色 | |

续　表

| 教学环节 | 教师活动 | 学生活动 | 设计意图 |
|---|---|---|---|
| （三）探究 $Fe^{2+}$、$Fe^{3+}$的转化。 | 涉及反应方程式：$2Fe^{3+}+Fe\!=\!=\!=\!3Fe^{2+}$、$2Fe^{2+}+Cl_2$ $=\!=\!=\!2Fe^{3+}+2Cl^-$ 另外还有哪些反应可以实现 $Fe^{2+}$、$Fe^{3+}$的转化呢？请写出相应的方程式 | 思考，书写方程式：$5Fe^{2+}+MnO_4^-+8H^+\!=\!=\!=$ $Mn^{2+}+5Fe^{3+}+4H_2O$ $Cu+2Fe^{3+}\!=\!=\!=\!Cu^{2+}+2Fe^{2+}$ | 培养学生实验探究的学科思维 |
| （四）归纳总结，学以致用。 | 以"铁三角"为线索进行总结 | 分组讨论，派代表总结 | 培养学生小组合作、讨论归纳总结的能力，使学生从微观理论高度认识、理解氧化还原反应的本质 |

## 七、教学反思

本课时主要介绍 $Fe^{2+}$、$Fe^{3+}$的鉴定检验与相互转化，教学中主要采用实验探究、设计实验、观察、思考、讨论的方法。本课时教学可落实科学探究素养的培养，教学过程中要多引导学生探究离子检验方法，及时小结，留足时间让学生理解原理。本课时让学生了解铁盐、亚铁盐的主要性质及其在生产、生活中的应用，通过对铁盐、亚铁盐的学习，培养学生证据推理意识。

## 八、板书设计

第三章　铁　金属材料

第一节　铁及其化合物

第三课时　"铁盐和亚铁盐"教学设计

1. 铁的价—类二维图。

2. $Fe^{2+}$、$Fe^{3+}$的检验。

3. $Fe^{2+}$、$Fe^{3+}$的转化。

# 第二节　金属材料

## 一、教学分析

### （一）课标分析

**内容要求**：结合真实情境中的应用实例或通过实验探究，了解铁及其重要化合物的主要性质，了解这些物质在生产、生活中的应用。

**学业要求**：能说明常见元素及其化合物的应用对社会发展的价值、对环境的影响。能有意识地运用所学的知识或寻求相关证据参与社会议题的讨论。

### （二）教材内容分析

本节教学内容选自人教版高中化学必修第一册第三章"铁　金属材料"第二节"金属材料"共2课时。本课时是教材第三章第二节的内容，在学习了铁及其化合物性质的基础上，进一步学习铁合金、铝及其化合物、金属材料应用的相关知识，主要涉及常见铁合金、铝合金的重要应用，单质铝以及铝的重要化合物的主要性质。金属材料在国民经济中有着重要的地位，此部分内容集中体现了教材的时代感，反映教学与生产、生活实际的联系。在学习本课时，学生已经学习了金属钠、铁及其重要化合物。由于学生对金属材料的陌生度较大，在教学中应注意引入学生熟知的生活情境，为学生的学习提供认知基础，以便于学生掌握金属材料的相关内容。

### （三）学情分析

学生已经完成了"铁及其化合物"的学习，对金属的物理性质、化学性质已经有了一定程度的了解。在此基础上学习"金属材料"，可以帮助学生构建金属相对完整的知识网络，便于学生从整体上把握本节内容，实现知识的综合应用。

## 二、教学目标

**知识目标：**

（1）能结合生活中对常见合金的优良性能的认识经验，阅读教材中合金的结构介绍，了解合金的概念，并能联系纯金属与合金的微观结构解释二者性能的差异。

（2）以铁合金、铝合金为例，能从元素组成上对合金进行分类，并认识不同类型金属材料组成性能与应用的联系，强化性能决定用途的观念。能通过实验探究铝和氧化铝的性质及转换，认识两性氧化物，丰富对金属多样性的认识，体会实验对认识和研究物质性质的重要作用。

（3）了解储氢合金、钛合金等新型合金，感受化学科学对创造更多新材料以满足人类生活需要和促进科技发展的重要作用。

（4）能基于物质的量认识化学变化，运用物质的量及相关物理量根据化学方程式进行简单计算。

**能力目标：**

（1）证据推理与模型认知：通过对化学实验现象的观察进行适度的推理，建立证据意识，能基于证据对物质组成、结构及其变化提出可能的假设，通过分析推理加以证实。

（2）科学探究与创新意识：通过完成铝及其化合物的实验，初步体验有序地、全面地、敏锐地观察实验现象，并能准确地用语言描述，尝试对现象进行分析、归纳，了解科学探究的基本方法，培养初步的科学探究能力。

（3）科学精神与社会责任：通过对铁合金以及铝合金材料的组成及应用的学习，认识化学在促进社会发展中的重要作用，体会科学、技术、社会之间的相互关系。

## 三、教学重难点

教学重点：合金的特点，铝和氧化铝的性质，物质的量在化学方程式计算中的应用。

教学难点：物质的量在化学方程式计算中的应用。

## 四、教学方法

小组讨论法、问题驱动法、多媒体辅助法（演示实验展台）。

## 五、教学设计思路

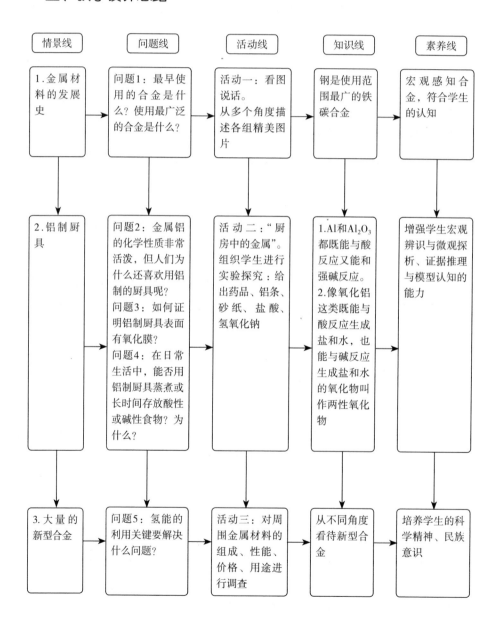

## 六、教学过程

**教学环节一：金属材料**

用生活中常见的金属材料引入新课，并作为情境线贯穿课堂。活动一的开展让学生参与课堂活动，充分调动学生的积极性，提升学生的表达能力和观察能力。先对生活中常见的金属材料进行感性认识，从而认识生活中常见的金属材料。

| 教师活动 | 学生活动 | 设计意图 |
|---|---|---|
| 创设情境：举例说明生活中哪些物品是由金属材料制成的，分析下列图片都使用了哪种金属材料？<br>（板书：金属材料） | 观看图片。<br><br>思考 | 用生活中常见的金属材料创设情境，吸引学生注意力，在与学生的互动过程中推进新课 |
| 活动一：看图说话。<br>从多个角度描述各组精美图片。<br> | 小组讨论。 | 让学生认识金属材料中应用最广泛的铁合金，引出下一个教学环节。 |
| 问题1：合金是什么物质？你知道它的哪些性质？<br>问题2：你知道金属材料的发展史吗？你知道最早使用的合金是什么吗？你知道使用最广泛的合金是什么吗？<br>小结：早在公元前1500年，人类就会使用铁器了。目前钢是使用范围最广、用量最大的铁碳合金。<br>问题3：小组交流讨论——联系日常生活中的铁合金用品，谈谈它们的性能。阅读教材P78～79的内容，铁合金的分类依据是什么？ | 小组代表举手抢答 | 学习铁合金的类别，感受生活中合金的用途，增强学生的社会责任感 |

| 教师活动 | 学生活动 | 设计意图 |
| --- | --- | --- |
| 不同的铁合金在组成上有什么区别，性能有什么不同，各自有什么用途？<br>新课讲解：合金钢也叫特种钢，是在碳素钢里适量加入一种或多种合金元素，使钢的组织结构发生变化。合金钢具有各种特殊性能，如强度、硬度大，可塑性、韧性好，耐磨，耐腐蚀等。<br>不锈钢是最常见的一种合金钢，它的合金元素主要是铬（Cr）和镍（Ni）。常用的不锈钢含Cr18%，含Ni8%。不锈钢在大气中比较稳定，不容易生锈，具有很强的抗腐蚀性能。生活中常见的医疗器材、厨房用具和餐具等，很多都是用不锈钢制造的；有些地铁列车的车体材质也是不锈钢。<br>讲解：合金就是两种或两种以上的金属（或金属与非金属）熔合而成的具有金属特性的物质。<br>特点：合金比它的成分金属具有许多良好的物理的、化学的或机械的等方面的性能。一般来说，合金的熔点比它的各成分金属的熔点都低。<br>思考：为什么合金具有良好的机械性能？<br><br>纯金属内原子<br>排列十分规整<br>↓<br>合金内原子层之间的<br>相对滑动变得困难<br><br>讲解：根据上图讲解合金比纯金属硬度大更坚硬的原因。<br>根据上图解释合金熔点为什么一般比各成分熔点低。提示：原子之间吸引力减弱 | 小组交流讨论。<br><br><br><br><br><br><br><br><br><br>讨论 | 宏观到微观，从结构上认识、了解合金硬度、熔点等特点 |

### 教学环节二：铝和铝合金

铝是中学化学元素化合物的核心知识，是学生理解和落实两性氧化物和两性氢氧化物概念的主要知识载体，也是整个高中化学元素化合物知识学习的难点之一。学好本部分的知识，将有助于学生辩证地认识问题，开阔知识视野；学会从化学的角度观察、分析、了解物质世界，提高自身的科学素养。通过对物质的量在化学方程式中的应用，理解高中化学计算的基本概念，建立高中使用物质的量等概念进行方程式计算的基本模型。

| 教师活动 | 学生活动 | 设计意图 |
|---|---|---|
| 活动二：铝和铝合金。<br>过渡：金属铝的化学性质非常活泼，但人们为什么还喜欢用铝制的厨具呢？<br>（板书：铝和铝合金）<br>问题4：如何证明铝制厨具表面有氧化膜呢？<br>组织学生进行实验探究：给出药品、铝条、砂纸、盐酸、氢氧化钠。<br>小结：<br>讲解：$Na[Al(OH)_4]$的名称为四羟基合铝酸钠。由上面两个实验，了解到$Al$和$Al_2O_3$都既能与酸反应又能和强碱反应。像氧化铝这类既能与酸反应生成盐和水，也能与碱反应生成盐和水的氧化物叫作两性氧化物。 | 小组合作讨论，小组代表举手回答。<br><br><br><br><br><br>学生分组实验，分析、思考，小组代表举手抢答。 | 以生活中常见的铝制品为情境引出铝合金的教学环节。<br><br><br><br>培养学生的实验探究与创新意识的核心素养。 |
| 讲解：铝表面有氧化膜，前面我们学习了氧化铝的两性，知道氧化铝能与氢氧化钠溶液反应。铝在空气中表现出良好的抗腐蚀性是因为它在空气中被氧气氧化，形成了致密的氧化膜，阻止反应的进一步进行。<br>问题5：在日常生活中，能否用铝制餐具蒸煮或长时间存放酸性或碱性食物？为什么？<br>讲解：物质由原子、分子、离子等粒子构成，物质之间的化学反应也是这些粒子按一定数目关系进行的。化学方程式中的化学计量数可以明确表示出化学反应中粒子之间的数目关系。<br>投影化学反应中粒子之间的数目关系：<br>2 mol∶2mol∶2mol∶2 mol∶3mol | <br><br><br><br><br><br><br><br><br>整理归纳从化学计量数到扩大倍数，再到物质的量之比，并找出其中的联系 | 拓展：介绍铝合金用途。辨别明晰，归纳概念。<br><br><br><br><br><br>体会宏观和微观之间的联系，为学生以后的化学计算打下基础 |

| 教师活动 | 学生活动 | 设计意图 |
|---|---|---|
| 设疑：从上例中化学反应中粒子之间的数目关系可以看出什么？<br>讲解：化学方程式中各物质的化学计量数之比等于各个物质的量之比 | | |

**教学环节三：新型合金**

通过对新型合金材料的学习，认识化学在促进社会发展中的重要作用，体会科学、技术、社会之间的相互关系。

| 教师活动 | 学生活动 | 设计意图 |
|---|---|---|
| 引入：在之前的学习中，我们已经学习了铁合金和铝合金，这两种合金都是常用的合金材料。而生活中除了这些常见的合金材料以外，随着科技的不断发展，也涌现了很多具有特殊性能的新型合金。<br>（板书：新型合金）<br>讲解：近年来，为了满足某些尖端技术发展的需要，人们又实际合成了许多新型合金。其中一种就是储氢合金。<br>问题6：阅读教材P83内容，思考以下问题。<br>（1）氢能的利用关键要解决什么问题？<br>（2）储氢合金的储氢原理是什么？<br>归纳：氢气是一种易燃易爆的气体，所以利用氢气的主要问题在于如何进行安全存储和运输。储氢合金是一类能够大量吸收氢气并与氢气结合成金属氢化物的材料。该材料受热又会分解放出氢气，常见的储氢合金是Ti-Fe、La-Ni等。<br>布置开放性作业：组织学生以小组为单位，对周围金属材料的来源、组成、性能、价格、用途进行调查。<br>归纳其他新型合金。<br>讲解：除了储氢合金以外，人们还设计合成了很多新型合金材料，如耐高温合金、记忆合金、高强度合金、生物性能合金等 | 讨论。<br><br>小组代表举手抢答汇报并自主评价。<br><br><br><br><br>存储运输 | 感受化学来源于生活并服务于生活。<br>诊断并发展学生的知识迁移能力。<br>小结，巩固提高。<br><br><br><br><br><br><br><br><br>感受合金的多样性 |

续表

| 教师活动 | 学生活动 | 设计意图 |
|---|---|---|
| 例如，钛合金、耐热合金和形状记忆合金广泛应用于航空航天、生物工程和电子工业等领域 | | |
| 布置作业：<br>课后作业 | 完成作业 | 巩固学习的作用 |

## 七、教学反思

本节课以生活中常见的金属材料为情境线，从铁合金、航空航天的飞机外壳，到铝合金，拓展到高端的新型合金。

在整个教学过程中，教师起引导作用，不断开展师生互评、生生互评，让学生自主归纳、自主评价，注重学生学习能力的培养，符合新课程的教学理念。本节课很好地将物质的量在化学方程式计算中的应用融入到铝合金的学习计算中，不仅巩固了铝及其化合物的方程式，又很好地建立起高中使用物质的量等概念进行方程式计算的基本模型。

## 八、板书设计

| 主板书：<br><br>**金属材料**<br><br>一、铁合金<br>二、铝和铝合金<br>$2Al+6HCl \rlap{=}= 2AlCl_3+3H_2\uparrow$<br>$Al_2O_3+6HCl \rlap{=}= 2AlCl_3+3H_2O$<br>$2Al+2NaOH+6H_2O \rlap{=}= 2Na[Al(OH)_4]+3H_2\uparrow$<br>$Al_2O_3+2NaOH+3H_2O \rlap{=}= 2Na[Al(OH)_4]$<br>三、新型合金<br>四、物质的量在化学方程式计算中的应用 | 副板书：<br>$2Al+2NaOH+6H_2O \rlap{=}= 2Na[Al(OH)_4]+3H_2\uparrow$<br>化学计量数之比<br>$2:2:6:2:3$<br>扩大 $N_A$ 倍<br>$2N_A:2N_A:6N_A:2N_A:3N_A$<br>物质的量之比<br>$2\,mol:2mol:6mol:2\,mol:3mol$ |
|---|---|

# 第 四 章

# "物质结构 元素周期律" 教学设计

# 第四章整体规划

物质结构　元素周期律（9课时）

| 节/课时 | 具体内容与课时规划 | 备注 |
|---|---|---|
| 第一节<br>原子结构和元素周期表+<br>第二节<br>元素周期律/<br>6课时 | 第一课时：原子结构（能区分元素、核素、同位素、质量数、核电荷数、原子序数等，知道核电荷数、核外电子数、质子数、中子数、质量数之间的关系，明确"构"的要素）。<br>第二课时：元素周期表、核素。<br>第三课时：原子结构与元素性质（可参考鲁科版第二册P7内容。以ⅠA族为例，认识同一主族元素性质的递变规律与原子结构的关系，关键是预测后的解释，实验是证据）。<br>第四课时：原子结构与元素性质元素周期律（规律是什么？有此规律的原因是什么？初步建立"构—位—性"关系）。<br>第五课时：元素性质的周期性变化规律<br>第六课时：元素周期表和元素周期律的应用 | 1.可将内容整合，打破节的限制。<br>2.本章概念较多，容易混淆，需要把一些概念名词分散在不同课时中介绍。<br>3.建立"构—位—性"模型。<br>4.元素原子的金属性（得失电子能力）和物质的金属性不同 |
| 第三节<br>化学键/<br>2课时 | 第一课时：离子键。<br>第二课时：共价键。<br>（认识微粒间存在作用力，用对比的方法认识离子键和共价键的不同） | 建议不要将离子键、共价键分开讲，效果不好，对比中认识不同 |
| 章末复习/1课时 | 重点复习周期律、周期表等内容，也是期末复习 | 巩固 |

# 第一节　原子结构与元素周期表

## 第一课时　原子结构

### 一、教学分析

#### （一）课标分析

**内容要求**：认识原子结构，认识核外电子排布规律。

**学业要求**：了解原子核外电子的排布，能画出1~20号元素的原子结构示意图。

#### （二）教材内容分析

本节教学内容选自人教版高中化学必修二第四章第一节"物质结构与元素周期表"第一课时"原子结构"的内容。本节内容在教材的必修模块中起着承上启下的作用。承上：学生在此前已经学习了钠、氯元素的性质，而学习原子结构可以从本质上去解释元素的性质，遵循了由具体到抽象、由现象到本质的认知规律。启下：对原子结构的探究为学习元素周期律、化学键以及分析必修二硫、氮元素的性质打下基础，也为学生发展宏观辨识与微观探析等核心素养提供了有力保障。

#### （三）学情分析

高一的学生在初中时已经学过原子结构的部分知识，但缺乏对整个原子结构模型的演变历程的了解，且未掌握原子核外电子排布规律。学生对本节内容的探究兴趣浓厚，但欠缺深层理性认识，所以接受难度适中。若将问题驱动型教学融入课堂，可以让学生在感受原子结构模型建立、修正和完善的过程及解决实际问题的过程中提升科学思维与解决问题能力。学生的语言表

达能力、合作能力和思维层次存在不可预测性，所以对课堂教学能否顺利进行有所担忧。

高一年级的学生思维活跃，探究兴趣浓厚，同时处于由感性思维逐渐过渡到理性思维的阶段，欠缺深层理性认知，这就需要教师科学建构模型，创设真实情境，让学生在活动型课堂中感悟知识、深化情感、学以致用，提升化学核心素养。

## 二、教学目标

知识目标：

（1）立足原子结构模型演变的历史情境，学会用宏观和微观结合的视角分析与解决实际问题，培养宏观辨识与微观探析的学科核心。

（2）感受原子结构模型的建立、修正和完善，归纳原子核外电子排布规律，提高证据推理与模型认知能力。

能力目标：

（1）通过展示原子结构模型的演变，诊断学生提取信息的关键能力。

（2）通过设置图表读数据找规律，诊断并发展学生的分析推理能力。

（3）通过设置情境展示部分元素的各电子层的电子排布，诊断并发展学生的分析推理能力和知识迁移的能力。

## 三、教学重难点

教学重点：原子的构成微粒及相互关系、原子核外电子排布规律。

教学难点：原子核外电子排布规律。

## 四、教学方法

小组讨论法、问题驱动法、多媒体辅助法。

## 五、教学设计思路

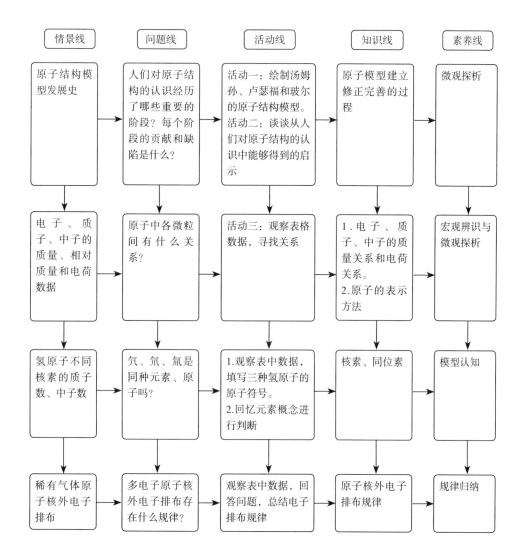

| 情景线 | 问题线 | 活动线 | 知识线 | 素养线 |

## 六、教学过程

**教学环节一：原子结构模型的演变**

用原子结构模型的演变引入新课，并作为情境线贯穿课堂。活动一的开展让学生参与课堂活动，充分调动学生的积极性，提升学生的表达能力和观察能力。先对原子结构演变的背景进行了解，符合学生的认知。

| 教师活动 | 学生活动 | 设计意图 |
|---|---|---|
| 创设情境：人们对原子结构的认识经历了哪些重要的阶段？每个阶段的贡献和缺陷是什么？<br>让我们带着这个问题进入今天的学习<br>（板书：原子结构的演变） | 学生思考 | 用原子结构演变的形成背景作为问题驱动推动学习的进行 |
| 活动一：绘制汤姆孙、卢瑟福和玻尔的原子结构模型。<br>活动二：讨论从原子结构的发展历史当中，能够得到何种启示。<br><br>1911年 英国 卢瑟福<br>1. 在原子的中心有一个带正电荷的核，它的质量几乎等于原子的全部质量。<br>2. 电子在它的周围沿着不同的轨道运转，就像行星环绕太阳运转一样。<br><br><br>发现<br>1897年，英国物理学家汤姆孙在低压气体的放电现象中发现了电子，并确定电子是原子的组成部分，电子的发现使人们认识到原子可以再分。<br>1904年 英国 汤姆孙<br>1.原子是一个平均分布着正电荷的粒子<br>2.原子镶嵌着许多电子，中和了正电荷，从而形成了中性原子 | 小组完成。<br><br><br><br><br><br><br><br><br><br>小组代表依次上台从外观结构、组成等多个角度描述小组绘制的物质 | 让学生体会模型建立、修正、完善的过程，加深对模型认知的理解。<br><br><br><br><br><br>体会理论的暂时性，认识到每个新的模型都是建立在证据推理的基础上的。<br><br><br><br>认识到宏观和微观结合对解决问题的重要性 |

| 教师活动 | 学生活动 | 设计意图 |
| --- | --- | --- |
| 1913年 丹麦物理学家 玻尔<br>1. 电子只能在原子内特定的稳定轨道上运动，运动时既不发射也不吸收能量。<br>2. 离核越远能量越高，当电子从一个轨道跃迁到另一个轨道时才发射或吸收能量。<br><br>现在老师将同学们提供的模型进行讲解并提问：局限与启示是什么？<br>请同学们举手回答。<br><br>**疑问**<br>1. 根据经典物理学理论，电子围绕原子核旋转这一过程是电荷做加速运动的过程，必然会放出电磁波（向外发出光子）。随着不断放出光子电子的能量不断减小，必将沿着螺旋线落入原子核，而事实上原子系统是相当稳定的。<br>2. 同时，由于电子沿着螺旋线落入原子核，电子的轨道应该是连续变化的，所发出的光子的频率也应该是连续变化的，但人们在观测原子光谱时却发现原子光谱往往是几条独立的谱线，这说明电子在原子中的稳定轨道不是连续的 | 小组代表举手抢答 | 让学生全面了解原子结构模型变化的成因，贴合学生的认知水平 |

| 教师活动 | 学生活动 | 设计意图 |
|---|---|---|
| **局限**<br>玻尔原子理论成功地解释了氢原子光谱的实验规律，但对于稍微复杂一点的原子，如氦原子，玻尔理论就无法解释它的光谱现象了，这说明玻尔理论还没有完全揭示微观粒子运动的规律。<br>　1927年　奥地利物理学家　薛定谔<br>1. 电子不像宏观物体的运动那样有确定的轨道而像云雾一样笼罩着原子核。<br>2. 空间某个点的密度表示电子在该处出现机会的大小。密度大的地方，表明电子出现的机会大；密度小的地方，表明电子出现的机会小<br><br>电子云 —— 原子核 | | 从原子结构发展史中认识原子结构 |

## 教学环节二：认识原子结构

| 教师活动 | 学生活动 | 设计意图 |
|---|---|---|
| 活动三：观察数据表格，寻找关系。<br>问题1：质子数、核电荷数和核外电子数存在怎样的关系？<br>问题2：原子的相对质量在数值上与原子核内的质子数和中子数有什么关系？ | 小组合作讨论表格中的数据。<br><br><br>分析、思考 | 合作讨论，增强学生的团队精神和合作解决问题的能力。<br><br>主动认识原子结构中电子的分布情况，为后续教学环节做好准备 |

| 微观粒子 | 电子 | 质子 | 中子 |
|---|---|---|---|
| 质量/kg | $9.109 \times 10^{-31}$ | $1.673 \times 10^{-27}$ | $1.675 \times 10^{-27}$ |
| 相对质量 | 0.0005484 | 1.007 | 1.008 |
| 电量/C | $1.602 \times 10^{-19}$ | $1.602 \times 10^{-19}$ | 0 |
| 电荷 | −1 | +1 | 0 |

| 教师活动 | 学生活动 | 设计意图 |
|---|---|---|
| （板书：认识原子结构）<br>学生得出结论。<br><br>结论<br>　核电荷数＝＝质子数＝＝核外电子数<br>　质量数（$A$）＝＝质子数（$Z$）＝＝中子数（$N$）<br><br>练习巩固：<br><br>$^{23}_{11}$Na　$^{37}_{17}$Cl　$^{23}_{11}$Na$^+$　$^{37}_{17}$Cl$^-$ | 小组代表举手抢答汇报问题讨论结果。<br><br><br><br><br><br><br><br><br>小组代表举手抢答。 | <br><br><br><br><br><br><br><br><br>巩固所学知识，培养学生知识迁移的能力。 |

| 粒子符号 | 质子数（$Z$） | 质量数（$A$） | 中子数（$W$） | 核外电子数 |
|---|---|---|---|---|
| | | | | |
| | | | | |
| | | | | |
| | | | | |

问题3：认真阅读下表，回答下列问题。
（1）氕、氘、氚是同一种元素吗？
（2）三者是同一种原子吗？
（3）写出三者的原子符号

| 氢元素的原子核 | | 原子名称 | 原子符号 $^A_Z$X |
|---|---|---|---|
| 质子数（$Z$） | 中子数（$N$） | | |
| 1 | 0 | 氕（piē） | |
| 1 | 1 | 氘（dāo） | |
| 1 | 2 | 氚（chuān） | |

学生活动栏：小组代表举手回答

设计意图栏：通过对不同原子本的质区分，诊断并发展学生的分析推理能力，进一步加深学生"结构决定性质"的学科观念

### 教学环节三：认识核外电子排布规律

通过认识核外电子排布规律，诊断并发展学生的知识迁移能力。

| 教师活动 | 学生活动 | 设计意图 |
|---|---|---|
| 情境：稀有气体原子电子层排布。<br><br>表格见下方<br><br>问题4：多电子原子核外电子排布存在什么规律？<br>小结：<br>（1）能量最低原理：由里到外先排能量最低的电子层。<br>（2）每一层最多容纳$2n^2$个电子。<br>a. 最外层不超过8个。<br>b. 次外层不超过18个。<br>c. 倒数第三层不超过32个 | 讨论。<br><br><br><br><br><br>小组代表举手抢答汇报并自主评价 | 诊断并发展学生的知识迁移能力。<br><br><br><br><br>小结，巩固提高 |
| 布置作业：<br>预习元素周期表 | 完成作业 | 为下节课的学习做铺垫 |

| 核电荷数 | 元素名称 | 元素符号 | 各电子层的电子数 | | | | | |
|---|---|---|---|---|---|---|---|---|
| | | | K | L | M | N | O | P |
| 2 | 氦 | He | 2 | | | | | |
| 10 | 氖 | Ne | 2 | 8 | | | | |
| 18 | 氩 | Ar | 2 | 8 | 8 | | | |
| 36 | 氪 | Kr | 2 | 8 | 18 | 8 | | |
| 54 | 氙 | Xe | 2 | 8 | 18 | 18 | 8 | |
| 86 | 氡 | Rn | 2 | 8 | 18 | 32 | 18 | 8 |

## 七、教学反思

教师的教学活动应服务于学生的化学学习活动，"授人以鱼，不如授人以渔"。

本节课以原子结构模型的发展史为情境线，以"结构决定性质"的观念作为主线，以学生自主动手绘图、读数据作为活动线，通过设置问题驱动完成知识线的建构。对本节课的设计及实施有以下评价：

用原子结构模型发展史引入新课，激发学生的学习兴趣，活跃气氛，为后续学习埋下伏笔；通过认识核外电子排布规律，诊断并发展学生的知识迁移能力，提升学生宏观辨识与微观探析、证据推理与模型认知等学科核心素养。

## 八、板书设计

原子结构

环节一：原子结构模型的演变

环节二：认识原子结构

环节三：认识核外电子排布规律

# 第二课时　元素周期表、核素

## 一、教学分析

### （一）课标分析

**内容要求**：结合有关数据和实验事实认识原子结构、元素性质呈周期性变化的规律，建构元素周期律。知道元素周期表的结构，以第三周期的钠、镁、铝、硅、硫、氯以及碱金属和卤族元素为例，了解同周期、同主族元素性质的递变规律，体会元素周期律（表）在学习元素化合物知识与科学研究中的重要作用。

**学业要求**：能用元素在元素周期表中的位置和原子结构，分析、预测、比较元素及其化合物的性质。

### （二）教材内容分析

本节教学内容选自人教版高中化学必修第一册第四章"物质结构　元素周期律"第一节"原子结构与元素周期表"第二课时"元素周期表"，通过科学史话、研究与实践等形式，呈现元素周期表的发现过程和意义。元素周期表是元素周期律的具体体现，是中学生学习化学的重要工具，具有很强的指导性。理解元素周期表的结构是后续学习的基础，也是应用元素周期表解决相关问题的基础。教材把元素周期表的教学安排在原子结构的内容之后，目的是引导学生在了解原子结构的基础上认识元素周期表的排布规律。之后呈现的核素知识是对元素概念的扩大，是从周期表的同"位"与原子核（"构"）的关系这一视角来讨论的。

**（三）学情分析**

关于元素周期表，学生在初中已了解概貌，已掌握前20号元素，教材中这部分内容编写的目的是使学生了解和熟悉周期表的结构。本节采用思考与讨论的方式，让学生发现、归纳原子结构与周期表的关系。这里重点讨论的是周期表的周期序数、族序数（"位"）与原子核外电子（"构"）的关系，为后面讨论元素性质打下基础。

## 二、教学目标

**知识目标：**

（1）了解元素周期表的发展历程，体会科学家的艰辛付出。

（2）知晓周期数与族序数，并能正确描述元素在周期表中所处的位置。

（3）通过对元素在周期表中位置的认识，分析其原子结构，从而推理出其对应的性质。

（4）认识核素，了解同位素，并学会原子符号的表达方式。

**能力目标：**

（1）通过对元素周期表的发展历程、周期数与族序数的介绍，让学生掌握提取信息的关键能力，培养学生科学精神与创新意识的学科核心素养。

（2）通过对元素在周期表中位置的认识及其原子结构的分析，使学生掌握分析推理解决问题的能力，培养学生证据推理与模型认知的学科核心素养。

（3）通过对核素、同位素的学习，培养学生宏观辨识与微观探析的学科核心素养。

## 三、教学重难点

教学重点：元素周期表的结构、原子符号的认识。

教学难点：元素周期表的结构。

## 四、教学方法

归纳法、演绎法、问题驱动法。

## 五、教学设计思路

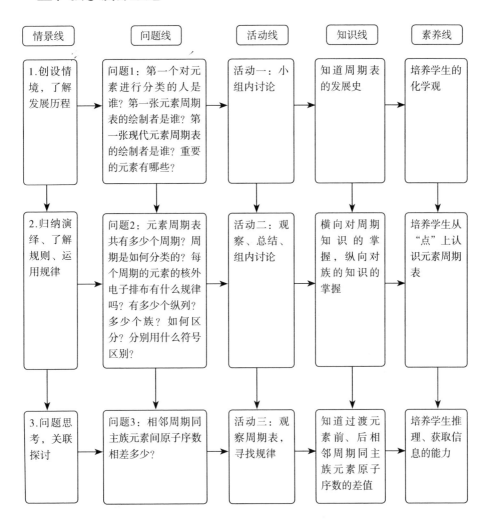

## 六、教学过程

**教学环节一：创设情境，了解发展历程**

| 教师活动 | 学生活动 | 设计意图 |
|---|---|---|
| 提问：第一个对元素进行分类的人是谁？第一张元素周期表的绘制者是谁？第一张现代元素周期表的绘制者？ | 查阅资料得出门捷列夫 | 培养学生的阅读能力、提取关键信息的能力 |

**教学环节二：归纳演绎、了解规则、运用规律**

| 教师活动 | 学生活动 | 设计意图 |
|---|---|---|
| 问题1：如何描述北京在地球上的位置？<br>问题2：如何描述元素Al在元素周期表中的位置？<br>师：我们把一个横行叫作一个周期，把一个纵列叫作一个族。<br>问题3：请结合元素周期表，观察共有多少个周期？周期是如何分类的？每个周期的元素的核外电子排布有什么规律。（提示：以第三周期元素为例分析）<br>问题4：请结合元素周期表，观察共有多少个纵列？多少个族？如何分类？分别用什么符号区别？<br>问题5：请观察元素周期表，族序数是如何分的？同桌讨论。<br>问题6：请归纳出主族序数与原子最外层电子层数有何关系 | 仔细思考，得出描述位置用经度和纬度。<br>描述元素在周期表中的位置，亦需要知道横、纵关系。<br>通过查阅元素周期表得出，共有7个周期，可以把前三个周期划分为短周期，第四、五、六周期划分为长周期；通过书写原子核外电子排布得出，同一个周期元素的原子核外电子排布的电子层数相同，即周期数相同，原子的电子层数相同。<br>18个纵列，16个族，分为主族（A）、副族（B）、0族。<br>仔细观察，得出结论。<br>主族元素的最外层电子数与主族序数相等 | 通过地理位置经纬度的描述，引出元素在元素周期表中的位置的描述，从而引出周期和族的概念。<br><br>培养学生证据推理与模型认知的能力。<br><br>培养学生阅读与获取信息的能力 |

**教学环节三：问题思考，关联探讨**

| 教师活动 | 学生活动 | 设计意图 |
|---|---|---|
| 问题7：请结合元素周期表回答以下问题。相邻周期同主族元素间原子序数相差多少？（以第ⅠA族、第ⅦA族为例）为什么呈现这样的规律？<br><br><br><br>问题8：请结合元素周期表，观察有几个特殊的区域 | 结合元素周期表，逐个对相邻周期进行分析，并思考为什么周期表的左半部分与右半部分相邻周期同主族元素原子序数相差不同。（过渡元素、镧系、锕系元素）同主族（上下）相邻：以第ⅠA为例，差值有2、8、18、32，该数值与各周期所含元素种类数值相同。<br>金属与非金属元素的分界线：0族元素（稀有气体）、碱金属、卤族元素、过渡元素等 | 以问题驱动形式，激发学生分析、探究、解决问题的能力。<br>培养学生观察、归纳的能力。<br><br><br><br>培养学生独立分析、探究的能力 |

**教学环节四：概念认知，实际应用**

| 教师活动 | 学生活动 | 设计意图 |
|---|---|---|
| 问题9：结合原子结构，思考一种元素是否只有一种原子。<br>列举气、氘、氚的介绍。<br>举例：$O_2$与$O_3$是不是互为同位素？ | 回顾：同一元素质子数相同，中子数可能不同。<br>仔细聆听。<br>仔细分析，得出不是同位素的关系 | 引出核素的概念。<br>引出同位素的概念，并注意表示方法。<br>注意同位素与同素异形体的区别 |

## 七、教学反思

元素周期表是学生学习化学的重要工具，有很强的指导性。授课过程中，通过对学生对元素周期表认识的不断引导，让学生了解元素周期表的大体结构，充分利用学生已学知识，进行对元素周期、族等知识的学习。通过学习查询周期表，学生掌握相邻周期同主族元素原子序数的差值，找出一定的规律，学会描述一种元素在周期表中的位置。

通过对原子的介绍，学生知晓核素的概念及表示方法，并知道质子数、中子数、质量数的关系，掌握同位素，并注意与同分异构体的区别。

## 八、板书设计

第二课时　元素周期表　核素

一、发展历程

二、元素周期表

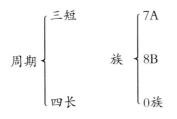

三、核素

同位素

# 第三课时  原子结构与元素的性质（一）

## 一、教学分析

### （一）课标分析

**内容要求**：掌握元素的性质与原子结构的关系。

**学业要求**：能画出 1~20 号元素的原子结构示意图，能用原子结构解释元素性质及其递变规律，并能结合实验及事实进行说明。

### （二）教材内容分析

本课时是人教版必修第一册第四章第一节第三课时的内容，该课时是在学习了原子结构和元素周期表的基础上，以碱金属元素和卤族元素为代表，深入研究两个主族元素的原子结构、元素性质的相似性和递变性。通过该课时的学习，学生对同主族元素性质有较清晰的认识，对于常见的活泼金属和活泼非金属有一定的了解。学生通过对碱金属元素和卤族元素性质的研究来探究元素性质与原子结构的关系，能够知道金属和非金属在元素周期表中的位置及其性质的递变规律。新教材的编排更加注重概念理论知识的建构过程和各部分知识间的联系。核心教学活动突出了概念理论的建构过程，更注重科学学习方法的教学。

### （三）学情分析

在之前的学习中，学生已经知道了原子核外电子排布的规律，能够给出主族元素的核外电子排布；学生也知道元素周期表中元素的排列是由该元素原子的核外电子排布决定的，能够明确主族元素的电子层数、最外层电子数与其在周期表中的位置之间的关系；同时在第二章的学习中，学生知道了金属钠和非金属氯的基本性质。但是，学生没有清晰的元素变化规律的认识，还不能将元素周期表与元素的原子结构以及元素性质相联系。通过本课时的学习，学生可以建立同主族元素性质的相似和递变的简单模型，为今后元素周期律的学习打下坚实的基础。

## 二、教学目标

**知识目标：**

（1）通过展示—探讨—总结的教学环节，初步掌握元素的性质与原子结构的关系，初步学会总结元素性质的递变规律。

（2）通过问题探究和讨论交流，进一步掌握化学理论知识的学习方法——逻辑推理法、抽象思维法、总结归纳法。

（3）通过对同主族元素性质的探究，融入科学活动和科学思维，体验科学研究的过程和认知的规律性，在认识上和思想方法上都得到提升。

**能力目标：**

（1）通过对碱金属及卤族元素性质递变性的实验探究，诊断并发展学生实验探究的水平（定性水平和定量水平）。

（2）通过对陌生元素性质的探究及应用的预测及验证，诊断并发展学生对化学价值的认识水平（学科价值视角）。

## 三、教学重难点

教学重点：碱金属元素、卤族元素化学性质变化规律。

教学难点：原子结构决定元素性质的思想方法的确定。

## 四、教学方法

归纳、实验探究、演绎。

## 五、教学设计思路

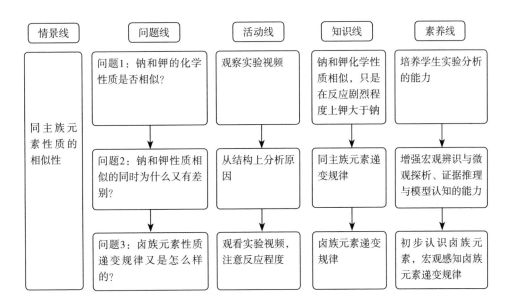

## 六、教学过程

### 教学环节一：实验探究，总结异同

| 教师活动 | 学生活动 | 设计意图 |
|---|---|---|
| 我们知道，第一张元素周期表是俄国化学家门捷列夫发表的，但是门捷列夫并不是第一个尝试给各种化学元素排序的科学家，但为什么门捷列夫绘制的元素周期表轰动了整个科学界呢？<br>门捷列夫的伟大之处就在于他在元素周期表中给当时的未知元素留出了空位。更令人惊讶的是，他准确预言了其中很多未知元素的性质。那么门捷列夫是根据什么预言未知元素的性质的呢？通过本节课的学习，同学们就能找到答案。展示图片"现代美好生活"<br>（板书：煤、石油、天然气的综合利用） | 观看短视频，感知物质性质与结构之间的微妙关系 | 通过视频感知物质性质与结构的关系 |
| 研究元素时，人们经常把周期表中同主族元素放在一起研究，是因为它们之间存在某种内在联系。这种内在联系是什么呢？我们将从它们的结构和性质关系入手。<br>根据表格信息，总结碱金属的物理性质有什么相似性和规律性 | 总结：单质的颜色，除铯外，都呈银白色，状态柔软，密度小，熔点低 | 从学过的碱金属性质对比着手分析，让学生找到知识点的内在联系 |
| 展示碱金属元素。<br>问题1：金属钠与钾处于同一主族，它们的性质是否存在相似之处？ | 交流讨论，得出假设：金属钠具有强还原性，可与水和氧气发生反应。金属钾与钠处于同一主族，具有相似的性质，也能与水和氧气发生反应 | 从实验中归纳总结碱金属反应类型，培养学生证据推理与模型认知的学科核心素养 |
| 金属钾与水和氧气反应的现象与金属钠有何异同？我们通过一组对照实验来验证一下。<br>播放视频。<br>（立足于旧知，激发学生的探究意识）<br>请根据实验现象，总结金属钠与钾性质的差异 | 观看实验视频，观察现象的异同，总结性质的差异 | 观察实验现象，培养学生实验探究的意识 |

### 教学环节二：理论分析，对比归纳

| 教师活动 | 学生活动 | 设计意图 |
|---|---|---|
| 从实验现象可知，金属钠与钾均能与水和氧气发生反应，表现出强还原性，并且金属钾的反应更加剧烈。<br>问题2：结构决定性质，金属钠和钾的原子结构有什么异同之处？ | 查阅元素周期表，填写教材P99中的表格，对比碱金属元素的原子结构示意图，归纳碱金属元素原子结构的相同点和不同点。<br>归纳：<br>相同点：最外层只有一个电子。<br>不同点：随着核电荷数的增加，原子的电子层数逐渐增多，原子半径逐渐增大 | 从原子结构着手，培养学生归纳总结的能力 |
| 思考与交流1：通过观察和回忆钾和钠的实验，你认为钾和钠性质的相似性和不同点与它们的原子结构有什么关系？ | 钾和钠都能与氧气和水反应，性质相似，是因为它们的最外层都只有1个电子，而钾比钠反应更剧烈，是因为钾原子比钠原子多一个电子层 | 从实验反应剧烈程度对比分析，培养学生证据推理与模型认知的学科核心素养 |

### 教学环节三：归纳总结，性质预测

| 教师活动 | 学生活动 | 设计意图 |
|---|---|---|
| 思考与交流2：归纳整个碱金属元素性质与原子结构的关系，并预测锂和铷的性质 | ①化学性质相似，都能与氧气、水反应。<br>②碱金属从锂到铯，随着电子层数逐渐增多，原子半径逐渐增大，原子核对最外层电子的引力逐渐减弱，失电子越来越容易，与氧气、水反应越来越剧烈。<br>③锂反应没有钠剧烈，铷反应比钾剧烈 | 培养学生归纳总结、分析问题的能力 |

### 教学环节四：类比演绎，预测规律

| 教师活动 | 学生活动 | 设计意图 |
|---|---|---|
| 过渡：通过碱金属的学习，我们已经知道了最外层电子数为1个电子的碱金属元素原子结构和性质的关系，那同学们能不能类推卤族元素的结构和性质的相似性和递变性呢？ | 类推：<br>相似性：最外层电子数都为7，都易得到一个电子，都有氧化性 | 培养学生对比分析的能力 |

| 教师活动 | 学生活动 | 设计意图 |
|---|---|---|
| | 递变性：从氟到碘，电子层数逐渐增多，原子半径逐渐增大，原子核对最外层电子的引力逐渐减弱，得电子越来越难，氧化性逐渐减弱 | |

**教学环节五：实验事实，验证规律**

| 教师活动 | 学生活动 | 设计意图 |
|---|---|---|
| 学与问：根据卤族元素的原子结构，请你试着推测一下氟、氯、溴、碘在化学性质上所表现的相似性和递变性 | 相似性：卤素单质均为双原子分子，均能与氢气反应生成氢化物 | 培养学生归纳推理能力 |
| 如何证明我们的预测是否正确的？除了实验，我们还可以通过一些科学家已经得出的客观事实来证明我们的结论。例如，教材P103卤素单质与氢气的反应。请根据反应事实，总结卤素与氢气反应的规律性变化 | 递变性：从F到I，与氢气反应越来越难，氢化物稳定性逐渐减弱，非金属性逐渐减弱 | 培养学生对比、归纳、演绎的能力 |
| 类似比较金属活泼性强弱，证明卤素元素的非金属性强弱也可以通过卤素单质间的置换反应。<br>"实验4-1"：完成下列实验，观察现象。写出有关反应的化学方程式 | 根据现象写出方程式，比较以上三个反应氧化剂、氧化产物的氧化性强弱，得出结论：Cl>Br>I | 培养学生证据推理与模型认知的学科核心素养 |

**教学环节六：回扣主题，拓展应用**

| 教师活动 | 学生活动 | 设计意图 |
|---|---|---|
| 提要求：阅读人教版必修一教材P102表4-3卤素单质在物理性质上同样存在相似性和递变性 | 归纳：从F到I，颜色逐渐加深，密度逐渐增大，熔、沸点逐渐升高，状态逐渐从气体到液体再到固体 | 培养学生分析、归纳的能力 |
| 总结：通过比较碱金属和卤族元素，我们可以看出，元素的性质与原子结构有密切的联系，特别是与最外层电子数有关。结构相似的一族元素，在化学性质上表现 | | |

续　表

| 教师活动 | 学生活动 | 设计意图 |
|---|---|---|
| 出相似性和递变性。拓展到整个元素周期表，同主族元素从上到下，金属性逐渐增强，非金属性逐渐减弱 | 思考、总结、内化 | 培养学生演绎、归纳、总结的能力 |

**教学环节七：布置作业**

人教版必修一P106习题，让学生学以致用、及时反馈。

# 七、教学反思

本节课围绕碱金属和卤族元素的递变规律进行教学，通过学生小组合作讨论、实验探究完成了本节课的学习。本节课知识点较多，规律性较强，学好元素周期律为后面元素及其化合物的学习奠定了基础。

# 八、板书设计

**元素的性质与原子结构**

（一）碱金属

结构（从Li到Cs）→ 性质

同：最外层为1e，都能与氧气和水反应

异：电子层数↗，原子半径↗，与氧气和水反应越来越剧烈

失电子越来越容易　　　　　　金属性逐渐增强

（二）卤族元素

结构（从F到I）→性质

同：最外层为7e都，能与氢气反应

异：电子层数↗，原子半径↗，与氢气反应越来越难，生成氢化物的稳定性逐渐减弱

得电子越来越难　　　　　　非金属性逐渐减弱

# 第四课时　原子结构与元素的性质（二）

## 一、教学分析

### （一）课标分析

**内容要求**：以ⅠA、ⅦA族元素为例，通过探究认识同主族元素性质的递变规律，并能用原子结构理论初步加以解释；培养分析、处理数据的能力，让学生尝试运用比较、归纳等方法对信息进行加工。

**学业要求**：利用元素周期表中的两族元素，即典型的金属元素族——碱金属，典型的非金属元素族——卤族。教材重点阐述元素的金属性、非金属性与元素在元素周期表中的位置和原子结构的关系，目的是帮助学生提高应用元素周期表分析问题和解决问题的能力，进一步构建"构—位—性"的关系，形成结构决定性质的观念。

### （二）教材内容分析

本节教学内容选自人教版高中化学必修一第一册第四章"物质结构　元素周期律"第一节"原子结构与元素周期表"第四课时。教材先让学生回顾钠的化学性质，为接下来的性质预测做好铺垫；再让学生结合Li、Na、K原子结构的特点，预测Li、K可能具有哪些与Na相似的化学性质；然后通过实验或者视频来验证推测，观察现象并分析，总结出不同元素之间的相似性与不同点，运用碱金属元素原子结构的递变性来解释锂、钠、钾化学性质的递变性，并运用由个别到一般的归纳方法，归纳出碱金属化学性质的相似性和递变性；最后，用同样的方法学习卤族元素。

### （三）学情分析

学生在高一必修一第一册第二章学习了钠及其化合物与氯及其化合物，对于碱金属元素和卤族元素中其中一种比较熟悉。刚学了元素周期表和原子结构，学生可以通过原子结构以及钠和氯的性质来推测碱金属元素和卤族元素的性质，为学习本节内容提供方法。

元素周期表的重要作用之一就是学生能够通过元素在元素周期表中的位置和元素的原子结构，预测元素的性质，发现新元素。教材对本节的呈现突出体现了这一作用。教材呈现的元素周期表中两族元素的性质都是从预测出发的。例如，碱金属的性质是通过探究活动"碱金属性质的比较"，采用"预测—验证—分析—结论"的思路归纳出来的。学生可以通过这样的过程体会元素周期表的作用。同时，教材在"方法引导"中介绍了"预测"这一科学方法。这些编排都有利于学生认识科学方法对研究和学习的意义。在教学中，运用"预测—验证—分析—结论"策略，利用实验和视频，充分发展学生宏观辨识与微观探析、证据推理与模型认知等化学学科核心素养。

## 二、教学目标

**知识目标**：通过第 IA、ⅦA 族元素递变规律的学习，归纳出元素周期律的一般规律。

**能力目标**：

（1）通过多个角度描述各组精美图片，诊断学生提取信息的关键能力。

（2）通过碱金属元素和卤族元素递变规律的分析，诊断并发展学生的分析推理能力。

（3）通过将碱金属元素的学习迁移到卤素元素的学习中，诊断并发展学生的分析推理能力和知识迁移的能力。

## 三、教学重难点

**教学重点**：碱金属元素的性质和卤族元素的性质，以及根据原子结构的递变推测元素性质的递变性。

**教学难点**：原子结构与元素的性质的关系。

## 四、教学方法

小组讨论法、问题驱动法、多媒体辅助法（演示实验展台）。

## 五、教学设计思路

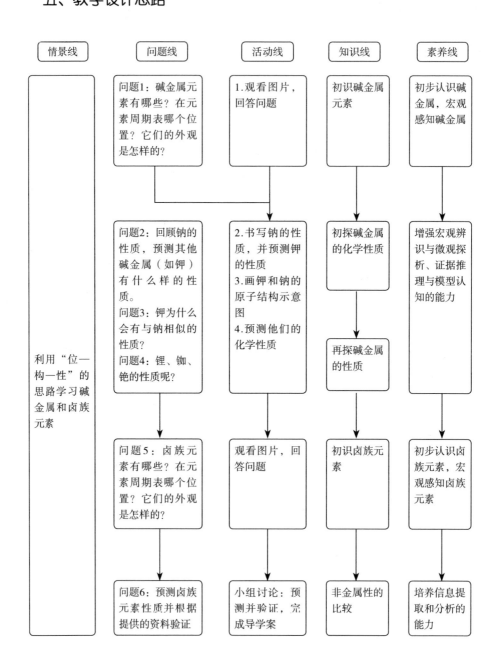

| 情景线 | 问题线 | 活动线 | 知识线 | 素养线 |
|---|---|---|---|---|
| 利用"位—构—性"的思路学习碱金属和卤族元素 | 问题1：碱金属元素有哪些？在元素周期表哪个位置？它们的外观是怎样的？ | 1.观看图片，回答问题 | 初识碱金属元素 | 初步认识碱金属，宏观感知碱金属 |
| | 问题2：回顾钠的性质，预测其他碱金属（如钾）有什么样的性质。<br>问题3：钾为什么会有与钠相似的性质？<br>问题4：锂、铷、铯的性质呢？ | 2.书写钠的性质，并预测钾的性质<br>3.画钾和钠的原子结构示意图<br>4.预测他们的化学性质 | 初探碱金属的化学性质<br><br>再探碱金属的性质 | 增强宏观辨识与微观探析、证据推理与模型认知的能力 |
| | 问题5：卤族元素有哪些？在元素周期表哪个位置？它们的外观是怎样的？ | 观看图片，回答问题 | 初识卤族元素 | 初步认识卤族元素，宏观感知卤族元素 |
| | 问题6：预测卤族元素性质并根据提供的资料验证 | 小组讨论：预测并验证，完成导学案 | 非金属性的比较 | 培养信息提取和分析的能力 |

## 六、教学过程

### 教学环节一：碱金属元素

之前学生学习了元素周期表，对元素周期表有了大致的了解，为了让学生更加清晰元素周期表体现的规律，本课从碱金属元素出发，来加深学生对"位—构—性"的理解。

| 教师活动 | 学生活动 | 设计意图 |
|---|---|---|
| 活动一：初识碱金属元素。<br>碱金属元素单质是什么样的？<br>展示元素周期表，并指出碱金属元素。<br>展示碱金属的图片。<br><br><br><br>（板书：一、碱金属元素）<br>碱金属元素的物理性质。<br>思考与讨论：根据下列表格提供的信息，思考碱金属元素物理性质的变化规律 | 学生通过对比碱金属元素的物理性质，总结碱金属元素的物理性质的变化规律。<br><br>（1）颜色除了铯略带金色光泽，其他碱金属单质都是银白色。<br>（2）密度逐渐增大（钾钠反常）。<br>（3）熔沸点逐渐增大 | 初步认识碱金属，展示图片，直观地认识碱金属。<br><br><br><br><br><br><br><br><br><br>规律探究，模型认知 |

| 元素名称 | 元素符号 | 核电荷数 | 单质 | 颜色和状态（常态） | 密度 | 熔点℃ | 沸点℃ | 溶解度（100g水中） |
|---|---|---|---|---|---|---|---|---|
| 氟 | F | 9 | $F_2$ | 淡黄绿色气体 | 1.69g/L | -219.6 | -188.1 | 与水反应 |
| 氯 | Cl | 17 | $Cl_2$ | 黄色气体 | 3.214g/L | -101 | -34.6 | 226cm³ |
| 溴 | Br | 35 | $Br_2$ | 深红棕色液体 | 3.119g/cm³ | -7.2 | 58.78 | 4.16g |
| 碘 | I | 53 | $I_2$ | 紫黑色固体 | 4.93g/cm³ | 113.5 | 184.4 | 0.029g |

续 表

| 教师活动 | 学生活动 | 设计意图 |
|---|---|---|
| 演示钠的化学性质的实验并提问：<br>问题1：钠有哪些性质？现象是什么？可以用化学术语表述吗？<br>［板书：2.（2）碱金属化学性质］ | 观看实验并记录现象，书写化学方程式 | |
| 活动二：初探碱金属的化学性质。<br>小组活动：画出碱金属元素的原子结构示意图，并利用钠的性质预测锂和钾可能的化学性质？ | 动手并汇报。<br>预测一：要与氧气反应。<br>预测二：要与水反应。<br>…… | 让学生从结构来预测元素的性质，诊断并发展学生的分析推理能力，进一步加深学生"结构决定性质"的学科观念 |
| 验证钾的化学性质。<br>实验验证：<br>（1）钾与氧气的反应（学生分组实验）。<br>注意观察钾在燃烧前是否熔化，熔化后的钾的颜色与光泽，燃烧时有无烟和焰、烟、焰及固体产物的颜色等。<br>（2）钾与水反应（演示实验）。<br>注意观察钾在水面的浮、熔、游，以及溶液颜色的变化、反应的剧烈程度等现象 | 学生实验并观察现象，并与钠的现象对比 | 对碱金属的宏观认识上升到微观层面，培养学生宏观辨识与微观探析的学科核心素养 |
| 活动三：再探碱金属的化学性质。<br>问题2：<br>（1）根据钾的实验现象展开讨论，总结钠和钾化学性质的异同点。<br>（2）从微观的角度解释为什么钠和钾的化学性质有相似性和不同点。<br>资料卡片：金属性判断的依据。<br><br>**资料**<br>单质与水（或酸）反应置换出氢的难易程度<br>最高价氧化物对应的水化物—氢氧化物的碱性强弱<br>钾与水反应比钠与水反应更容易→金属性：钾＞钠<br>碱性强弱：氢氧化钾＞氢氧化钠→金属性：钾＞钠 | 讨论，总结规律。<br>比较钾与钠化学性质的异同。<br>相似：①都能与水反应生成碱和氢气；②都能与氧气剧烈反应。<br><br>不同：①钾与水反应比钠与水反应更剧烈；②钾燃烧的产物比钠燃烧的产物复杂 | 总结钠和钾相似的化学性质，解决学生心中的疑惑，与活动三前后呼应。<br>认识锂、钠、钾化学性质的差异性和递变性，并运用由个别到一般的归纳方法，归纳出碱金属化学性质的相似性和递变规律 |

| 教师活动 | 学生活动 | 设计意图 |
|---|---|---|
| 比较钾与钠化学性质的异同<br><br>结构　最外层电子数1　钾比钠多一层电子，半径大<br>决定　相似　差异<br>性质　都能与$O_2$、$H_2O$反应，生成+1价化合物　钾比钠更易发生反应，反应也更剧烈<br>金属性<br><br>（3）已知钾、钠化学性质的异同点，请从原子结构角度出发，预测锂、铷、铯的化学性质（小组讨论） | 学生举手回答：<br>（1）锂、铷、铯都要和水和氧气反应。<br><br><br><br><br><br>（2）锂反应要比钠和钾弱，铷和铯反应要比钾剧烈 | |
| 播放锂、铷、铯的化学性质的实验视频，验证预测。<br>碱金属元素的化学性质的相似性和递变性。<br>相似性：<br>锂与氧气加热时反应，生成氧化锂。<br>$4Li + O_2 \xrightarrow{\triangle} 2Li_2O$<br>与水反应时，锂比钠缓慢。<br>铷、铯遇空气立即燃烧。<br>铷、铯遇水剧烈反应，甚至发生爆炸。<br>递变性：<br><br>Li　Na　K　Rb　Cs　单质还原性增强<br>　　　　　　　　　　　离子氧化性减弱<br>$Li^+$　$Na^+$　$K^+$　$Rb^+$　$Cs^+$<br><br>具体情况如下：<br>（1）与氧气反应：从Li到Cs，与氧气反应越来越剧烈，产物越来越复杂。例如，Li与$O_2$生成$Li_2O$，Na与$O_2$生成$Na_2O$、$Na_2O_2$，K与$O_2$生成$K_2O$、$KO_2$。<br>（2）与$H_2O$（或酸）的反应：从Li到Cs，与$H_2O$（或酸）反应越来越剧烈。例如，K与$H_2O$反应能发生轻微爆炸，Rb、Cs遇水则会发生爆炸 | 观看实验视频并记录实验现象，思考是否符合递变规律。<br><br><br><br><br><br><br><br><br><br><br><br>梳理碱金属元素的化学性质，掌握同主族元素之前的相似性和递变性 | 通过预测锂、铷、铯的化学性质，让学生实实在在参与到教学中，体现了学生的主体地位。锻炼学生的学习迁移能力 |

续 表

| 教师活动 | 学生活动 | 设计意图 |
|---|---|---|
| （3）从Li到Cs，氢氧化物碱性由弱至强的顺序为<br>　LiOH＜NaOH＜KOH＜RbOH＜CsOH | | |
| 小结：<br>（1）碱金属元素化学性质呈现相似性的原因是最外层电子数相同，都为1，容易失电子，表现还原性。<br>（2）碱金属元素化学性质呈现递变性的原因是同主族元素从上到下，半径依次增大，原子核对最外层电子的吸引力减弱，失电子能力增强，金属性增强 | 思考并理解 | 从本质的角度让学生了解元素周期表中元素性质变化的规律，并学会举一反三，迁移到学习其他主族元素的性质，授之以渔。突破重点和难点 |
| 练习：<br>1. 钾和钠的化学性质相似，下列说法能较好地解释这个事实的是（　　）<br>A. 原子最外层电子数相同<br>B. 都是金属元素<br>C. 原子半径相差不大<br>D. 最高化合价相同<br>2. 下列关于碱金属的叙述错误的是（　　）<br>A. 它们都能在空气中燃烧生成$M_2O$（M指碱<br>　金属元素）<br>B. 它们都能与水反应生成氢气和碱<br>C. 随核电荷数的递增，它们所形成的阳离子的氧化性依次减弱<br>D. 碱金属中密度最小的是锂 | 学生做练习 | 趁热打铁，加深学生对本节课的理解 |

### 教学环节二：卤族元素

卤族元素在周期表第ⅦA族，可以将碱金属元素的学习模型迁移到卤族元素的学习中来，体现了化学学科的证据推理与模型认知的核心素养。

| 教师活动 | 学生活动 | 设计意图 |
|---|---|---|
| 活动四：初识卤族元素。<br>展示元素周期表第ⅦA族的元素：F、Cl、Br、I。 | | 初步认识卤族元素，展示图片，直观地认识卤族元素 |

| 教师活动 | 学生活动 | 设计意图 |
|---|---|---|
| 位于元素周期表ⅦA族（第17纵列）的元素氟（F）、氯（Cl）、溴（Br）、碘（I）、砹（At）都能与Na、K、Ca、Mg等金属化合成盐，所以统称为卤素（成为盐元素之一）。 | 观察卤族元素在元素周期表中的位置并观察卤族元素单质的颜色。 | 通过颜色来认识元素周期表的分区，初步建立"位—构—性"的联系。 |
| 展示卤族元素单质的图片。氟气　氯气液溴　碘单质<br>（板书：三、卤族元素）<br>卤族元素的物理性质。<br>思考与讨论：根据下列表格提供的信息，思考卤族元素物理性质的变化规律。 | 学生通过对比卤族元素的物理性质，总结卤族元素的物理性质的变化规律。 | |

| 卤素单质 | 颜色（常态） | 密度 | 熔点/℃ | 沸点/℃ |
|---|---|---|---|---|
| $F_2$ | 淡黄绿色（气体） | 1.69g/L（15℃） | −219.6 | −188.1 |
| $Cl_2$ | 黄绿色（气体） | 3.124g/L（0℃） | −101 | −34.6 |
| $Br_2$ | 深红棕色（液体） | 3.119g/cm³（20℃） | −7.2 | 58.78 |
| $I_2$ | 紫黑色（固体） | 4.93g/cm³ | 113.5 | 184.4 |

（1）颜色逐渐加深。
（2）密度逐渐增大。
（3）熔点逐渐升高。
（4）沸点逐渐升高

通过表格的阅读，提高学生的归纳总结能力，同时让学生感受元素周期表的魅力

注意：
（1）溴是常温常压下唯一的液态非金属单质。
（2）碘易升华，遇淀粉溶液变蓝色

续 表

| 教师活动 | 学生活动 | 设计意图 |
|---|---|---|
| 问题3：预测卤族元素化学性质的基本思路是什么？<br>（板书：2.卤族元素化学性质）<br>过渡：同学们通过碱金属元素的学习，已经掌握了学习同主族元素的方法——"位—构—性"的方法，那现在就是检验同学们学习成果的时候了，请同学们小组讨论卤族元素的化学性质，并填写在导学案上，待会儿请同学来分享你们组的成果。<br>投影，并让学生分享成果。<br>小结：<br>相似性：最外层都是7个电子，容易得电子，表现出氧化性。<br>递变性：同主族元素从上往下半径逐渐增大，得电子能力减弱，氧化性逐渐减弱。<br>师：同学们已经有想法了，那现在我们就来看看卤素元素的性质吧！ | 思考并讨论。<br><br>分小组讨论并完成导学案。<br><br><br><br>预测一：要与氢气反应。<br>预测二：要与水反应。<br>预测三：要与氢氧化钠反应。<br>……<br><br>反应同主族从上往下依次减弱 | 依据碱金属元素的学习模型迁移到卤族元素的学习中来 |
| 资料显示，非金属性的比较可以从以下几个方面进行：与氢气化合的难易程度、简单氢化物的稳定性、最高价氧化物的水化物的酸性强弱等。<br>展示资料卡片。<br>资料1：卤素单质与氢气的反应。<br><br>表格见下 | 思考并完成导学案 | 培养学生阅读和提取信息的能力、归纳总结的能力 |

| 反应 | 现象 |
|---|---|
| $H_2+F_2=2HF$<br>光照或点燃 | 在暗处能剧烈化合并发生爆炸，生成的氟化氢很稳定。 |
| $H_2+Cl_2 \xlongequal{} 2HCl$ | 光照或点燃发生反应，生成的氯化氢较稳定。 |
| $H_2+Br_2 \xlongequal{\triangle} 2HBr$ | 加热至一定温度才能反应，生成的溴化氢不如氯化氢稳定。 |
| $H_2+I_2 \xlongequal{\triangle} 2HI$ | 不断加热才能缓慢反应，生成的碘化氢不稳定，在同一条件下同时分解为$H_2$和$I_2$，是可逆反应。 |

| 教师活动 | 学生活动 | 设计意图 |
|---|---|---|
| 资料2：已知$HClO_4$是最强酸，$HBrO_4$是强酸，$HIO_4$是中强酸。<br>资料3（实验视频资料）：播放氯气与溴化钠、氯气与碘化钾、溴水与碘化钾反应的实验视频。<br>小结：卤素元素的化学性质：<br>（1）与$H_2$反应越来越难，对应氢化物的稳定性逐渐减弱，还原性逐渐增强，其水溶液的酸性逐渐增强：<br>稳定性：$HF>HCl>HBr>HI$。<br>还原性：$HF<HCl<HBr<HI$。<br>酸性：$HF<HCl<HBr<HI$。<br>（2）最高价氧化物对应水化物的酸性逐渐减弱，即$HClO_4>HBrO_4>HIO_4$。<br>$F_2$、$Cl_2$、$Br_2$、$I_2$氧化性减弱，$F^-$、$Cl^-$、$Br^-$、$I^-$还原性减弱。<br>（3）特殊性：<br>① 氟元素无正价，无含氧酸，而氯、溴、碘元素有最高正价和含氧酸。<br>② $X_2+H_2O \Longrightarrow HX+HXO$（X=Cl、Br、I）而 $2F_2+2H_2O \Longrightarrow 4HF+O_2$。<br>③ 溴单质在常温下是唯一的一种液态非金属单质。<br>④ 卤素单质都有毒，溴有很强的腐蚀性，保存液溴时要加一些水进行"水封"，碘单质遇淀粉溶液变蓝色（检验$I_2$）。<br>⑤ 氢氟酸为弱酸，而盐酸、氢溴酸、氢碘酸为强酸。<br>⑥ $Cl_2$、$Br_2$、$I_2$易溶于有机溶剂苯、$CCl_4$、汽油等。<br>练习：<br>（1）下列关于卤族元素（从F到I）性质递变的叙述，正确的是（    ）<br>①单质的氧化性增强；<br>②单质的颜色加深；<br>③气态氢化物稳定性增强；<br>④单质的沸点升高。 | 观看实验视频，思考并完成导学案。<br><br><br><br><br><br><br><br><br><br><br><br><br><br><br><br><br><br><br><br><br><br><br><br><br><br><br><br>做练习 | 归纳规律，建构模型。<br><br><br><br><br><br><br><br><br><br><br><br><br><br><br><br><br><br><br><br><br><br><br><br><br><br><br><br>练习巩固 |

续 表

| 教师活动 | 学生活动 | 设计意图 |
|---|---|---|
| A.①②③　　　B.②③④<br>C.②④　　　　D.①③⑤<br>2. 砹（At）是核电荷数最大的卤族元素，推测砹及其化合物最不可能具有的性质是（　　）<br>A. HAt很不稳定<br>B. 砹是白色固体<br>C. AgAt不溶于水<br>D. 砹易溶于某些有机溶剂<br>总结：碱金属元素、卤族元素的性质变化规律，推广到其他主族元素的化学性质的相似性和递变性。 | | |
| <br><br><br><br>Li　F₂<br>Na　Cl₂<br>K　Br₂<br>Rb　I₂<br>Cs | 总结、互评 | 由具体族的元素性质变化推导主族元素性质的一般规律 |

同主族元素原子最外层电子数相同

↓

原子核外电子层数依次增加

↓

原子半径逐渐增大

↓

失电子能力逐渐增强　　得电子能力逐渐减弱

↓

金属性逐渐增强，非金属性逐渐减弱

## 七、教学反思

教师的作用是引导学生，本节课充分发挥了学生的主动性，让学生现学现用，将碱金属元素的学习方法迁移到卤素元素的学习中，加强了学生的学习能力和迁移能力。课堂中有安排分组实验，可以很好地调动学生的积极性，让学生亲自实验，可以加强学生的学习兴趣和对学习的理解。教学中有分组讨论环节，提高了学生的合作意识。

但是本节课依然存在部分不足：一是课时不够，所以后边卤族元素讲得比较简单；二是课堂的连贯性有待加强。

## 八、板书设计

一、碱金属元素

1. 物理性质

2. 化学性质

二、卤族元素

1. 物理性质

2. 化学性质

# 第二节　元素周期律

## 第一课时　元素性质的周期性变化规律

### 一、教学分析

#### （一）教材内容分析

本节教学内容属于人教版高中化学必修第一册第四章"物质结构　元素周期律"第二节"元素周期律"第一课时。

#### （二）学情分析

学生在初中学习过元素和元素周期表的一些知识，上一节课学生已经对原子结构及元素周期表有了初步认识。

### 二、教学目标

知识目标：

（1）结合有关数据和实验事实认识原子核外电子排布、元素最高化合价和最低化合价、原子半径等随元素原子序数递增而呈周期性变化的规律。

（2）以第三周期元素为例，认识同周期元素的金属性、非金属性等随元素原子序数递增而呈周期性变化的规律，建构元素周期律。

能力目标：

（1）通过对同周期元素性质递变规律的探寻，完善对元素周期律的认知。

（2）通过建构由元素认识物质性质的认知模型，提升元素周期律的功能价值。

### 三、教学重难点

教学重点：元素周期律的含义和实质。

教学难点：元素周期律的实质。

## 四、教学方法

信息分析学习法、实验探究建构法、合作交流讨论法。

## 五、教学设计思路

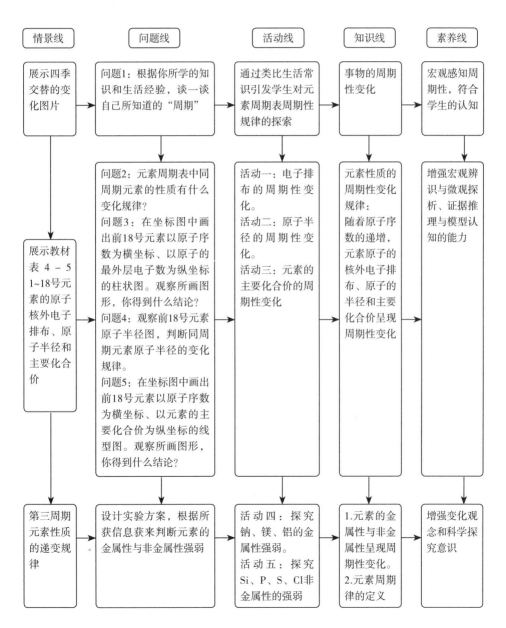

## 六、教学过程

### 教学环节一：同一周期元素原子结构的变化规律

| 教师活动 | 学生活动 | 设计意图 |
|---|---|---|
| 创设情境（展示春夏秋冬四季交替、昼夜更替的图片）：根据你的知识和生活经验，谈一谈自己所知道的"周期"。 | 学生观察。 | 用生活常识导入新课，有利于增强学生的学习兴趣，使之转化为学生强烈的求知欲 |
| 通过对碱金属元素、卤素的原子结构和性质的研究学习，我们已知道元素周期表中同主族元素的性质有着相似性和递变性。那么，元素周期表中同周期元素的性质有什么变化规律呢？ | 思考 | |
| 活动一：电子排布的周期性变化。在坐标图中画出前18号元素以原子序数为横坐标、以原子的最外层电子数为纵坐标的柱状图。观察所画图形，你得到什么结论？  | 小组讨论。 | 教材中的表4-5给出了短周期元素的原子核外电子排布、原子半径和主要化合价等丰富的信息。在比较、分析的基础上对所搜集的信息进行加工处理。学生可以通过活动得出变化规律 |
| 活动二：原子半径的周期性变化。观察前18号元素原子半径图，判断同周期元素原子半径的变化规律。问题1：你发现稀有气体原子半径无数据，为什么？思考：同周期元素原子半径出现由大到小规律变化的原因是什么？ | 小组代表描述变化规律。 | |
| 活动三：元素主要化合价的周期性变化。在坐标图中画出前18号元素以原子序数为横坐标、以元素的主要化合价为纵坐标的线型图。观察所画图形，你得到什么结论？ | 小组代表举手抢答 | |

| 教师活动 | 学生活动 | 设计意图 |
|---|---|---|
| 小结：<br>（1）随着原子序数的递增，元素原子的核外电子排布呈现周期性变化。<br>（2）随着原了序数的递增，元素原子的半径呈现周期性变化。<br>（3）随着原子序数的递增，元素原子的化合价（最高正价和最低负价）呈现周期性变化 | 小组合作画图。<br><br><br><br><br><br><br>小组代表举手抢答 |  |

## 教学环节二：第三周期元素性质的递变

| 教师活动 | 学生活动 | 设计意图 |
|---|---|---|
| 过渡：通过上述讨论我们知道，随着原子序数的递增，元素原子的核外电子排布、原子半径和化合价各呈现规律性的变化。那么，元素的金属性和非金属性是否也随原子序数的变化呈现周期性变化呢？<br>问题2：下面根据第三周期元素原子的核外电子排布规律，你能推测出该周期元素金属性和非金属性的变化规律吗？<br>预测：<br>$$\text{Na \quad Mg \quad Al \quad Si \quad P \quad S \quad Cl} \longrightarrow$$<br>失电子能力减弱，得电子能力增强。<br>金属性减弱，非金属性增强。<br>过渡：回顾碱金属元素金属性强弱的判断标准，从同主族元素迁移到同周期元素，设计实验方案来探究钠、镁、铝元素的金属性强弱 | 讨论实验方案，小组讨论方案可行性和实验中需要控制的变量，选择最优方案进行实验 | 元素原子的最外层电子数决定元素的化学性质 |

续 表

| 教师活动 | 学生活动 | 设计意图 |
|---|---|---|
| 活动四：探究钠、镁、铝的金属性强弱。<br>实验探究：<br>（1）取一小段镁条、铝片，用砂纸除去表面的氧化膜，放到试管中。向试管中加入2mL水，并滴入2滴酚酞溶液，观察现象。过一会儿，加热试管至液体沸腾，观察现象。与钠和水的反应相比，镁和水的反应难易程度如何？生成了什么物质？<br>（2）①向试管中加入2mL 1mol/L的$AlCl_3$溶液，然后滴加氨水，直到不再产生白色絮状沉淀［$Al(OH)_3$沉淀］沉淀为止。将沉淀物分装在两支试管中，向一支试管中滴加2mol/L的盐酸，向另一支试管中滴加2mol/L的NaOH溶液。边加边振荡，观察现象。<br>②用2mL 1mol/L $MgCl_2$溶液代替$AlCl_3$溶液做上述实验，观察现象，并进行比较。<br>结论：钠、镁、铝是金属元素，都能形成氢氧化物。氢氧化钠是强碱，氢氧化镁是中强碱，而氢氧化铝是两性氢氧化物。这说明铝虽为金属，但已表现出一定的非金属性。<br>（板书：$\underrightarrow{\text{Na、Mg、Al}}$ 金属性减弱）<br>过渡：回顾卤族元素非金属性强弱的判断依据，从同主族元素迁移到同周期元素，设计实验方案来探究硅、磷、硫、氯元素的非金属性强弱。<br>引导学生结合微观结构进行分析。<br>活动五：探究Si、P、S、Cl非金属性的强弱。<br>展示信息：硅、磷、硫、氯是非金属元素，其最高价氧化物对应的水化物（含氧酸）的酸性强弱见下表： | 分组进行实验，记录现象、讨论并展示成果。<br><br>记录实验现象：①常温下镁与水的反应较缓慢，镁条表面有一些红色；加热后反应剧烈，镁条表面有大量气泡，溶液变为红色。<br>②$Al(OH)_3$既能与酸反应又能与强碱反应 | 金属性强弱的判断依据<br>①元素的单质与水（或酸）反应的难易程度。<br>②元素最高价氧化物对应的水化物（氢氧化物）的碱性强弱。<br><br><br>非金属性强弱的判断依据：<br>①单质与$H_2$生成气态氢化物的难易程度。<br>②气态氢化物稳定性的强弱 |

| 项目 | 内容 | | | |
|---|---|---|---|---|
| 非金属元素 | S | P | S | Cl |
| 最高价氧化物对应的水化物（含氧酸）的酸性强弱 | $H_2SiO_3$（硅酸）弱酸 | $H_3PO_4$（磷酸）中强酸 | $H_2SO_4$（硫酸）强酸 | $HClO_4$（高氧酸）强酸（酸性比$H_2SO_4$强） |

| 教师活动 | 学生活动 | 设计意图 |
|---|---|---|
| 问题3：通过实验比较和信息获取，你能得出的结论是什么？与最初的推测一致吗？<br>小结：<br><br>　　Na Mg Al Si P S Cl ──▶<br><br>金属性逐渐 减弱 ，非金属性逐渐 增强 。<br>过渡：对其他周期主族元素性质进行研究,一般情况下也可以得到类似的结论。<br>练习：<br>（1）对于第三周期的主族元素从左到右，下列说法中错误的是（　　）<br>A.原子半径逐渐减小<br>B.原子核外电子层数逐渐增加<br>C.最高正化合价逐渐增大<br>D.元素的非金属性逐渐增强<br>（2）元素性质呈周期性变化的决定因素是（　　）<br>A.元素原子半径大小呈周期性变化<br>B.元素相对原子质量依次递增<br>C.元素原子核外电子排布呈周期性变化<br>D.元素的最高正化合价呈周期性变化<br>（3）除第一周期外，关于同周期主族元素的下列变化规律中不正确的是（　　）<br>A.从左到右，原子半径逐渐减小<br>B.从左到右，单质的氧化性减弱，还原性增强<br>C.从左到右，元素最高正价从+1价递增到+7价（O、F除外），负价由−4价递增到−1价<br>D.从左到右，元素最高价氧化物对应水化物碱性减弱，酸性增强（O、F除外）<br>（4）一般来说，非金属元素R的原子最外层电子数为$N$，则这种元素的最高正化合价为_____，最低负化合价为_____。<br>（1～18号元素的化合价主要由最外层电子数决定。） | 思考、讨论。<br><br><br><br><br><br>小组代表举手抢答。<br><br><br><br><br>讨论、思考。<br><br><br><br><br><br>小组代表举手抢答。<br><br><br><br><br><br><br><br><br>总结谈收获。 | ③最高价氧化物对应的水化物（含氧酸）酸性强弱。<br>④非金属单质之间的置换。<br><br><br><br><br><br><br><br><br><br><br>充分调动学生的学习积极性，诊断学生提取信息的关键能力，并突破了教学重点。<br><br>检验学生对所学知识的掌握情况。同时教师可以通过练习及时得到教学反馈，从而可以及时对学生掌握不清的知识进行补充说明 |

续 表

| 教师活动 | 学生活动 | 设计意图 |
|---|---|---|
| 课堂总结：<br>核电荷数递增<br>引起↓<br>元素原子核外电子排布呈周期性变化<br>决定↓<br>元素性质呈周期性变化<br>归纳出↓<br>元素周期律：元素性质随原子序数的递增呈现周期性变化。<br>设问：通过这节课的学习，我们知道了元素周期律的概念。那么，学习元素周期律的意义是什么？我们下节课来解决 | 元素性质的周期性变化规律：随着原子序数的递增，元素原子的核外电子排布、原子的半径、主要化合价、金属性与非金属性呈现周期性变化 | |
| 布置作业：<br>（1）完成教材P112第1、4、5题。<br>（2）预习元素周期表和元素周期律的应用 | 完成作业 | 为下节课的学习做好铺垫 |

## 七、教学反思

学生初中学习过元素周期表的一些知识，上一节课已经对原子结构及元素周期表有了初步认识。学生已经初步学会了对比、分析、归纳等逻辑方法并能简单应用，同时具有一定的实验能力。处在这个年龄段的学生逻辑思维不够缜密，抽象思维能力较强，并善于观察实验现象，但具体分析、表达能力不足。因此，在教学过程中需要教师对学生进行适当的引导，从而进一步培养学生的实验能力。

## 八、板书设计

| 主板书：<br>　　　　　　第二节　元素周期律<br>一、元素性质的周期性变化规律<br>1.元素原子的核外电子排布呈周期性变化。<br>2.元素原子的半径呈现周期性变化。<br>3.元素原子的化合价（最高正价和最低负价）呈现周期性变化。<br>4.随着原子序数的递增，元素金属性和非金属性呈现周期性变化。<br>元素周期律：元素的性质随着原子序数的递增而呈周期性的变化 | 副板书：<br>预测：<br>失电子能力减弱，得电子能力增强。<br><br>Na　Mg　Al　Si　P　S　Cl →<br>金属性减弱，非金属性增强 |
|---|---|

# 第二课时　元素周期表和元素周期律的应用

## 一、教学分析

### （一）教材内容分析

本节教学内容属于人教版高中化学必修第一册第四章"物质结构　元素周期律"第二节"元素周期律"第二课时的内容。

### （二）学情分析

学生初中化学已学习过元素周期表，停留在表层了解及简单应用的水平上；前面已经学习钠、氯、铁及其化合物，深入学习了原子结构的知识，对元素周期律相关基础知识已了解，所以本节课学习难度不大。

## 二、教学目标

知识目标：

（1）基于元素"位—构—性"认识元素性质，基于物质"结构—性质—用途"认识物质性质，基于元素性质递变的本质原因认识物质世界。

（2）加深对分类法、归纳法等科学方法的认识，提高逻辑推理能力、论证能力，从而发展证据推理与模型认知的化学学科核心素养。

能力目标：

（1）通过元素周期律、元素周期表的应用研究，培养学生证据推理与模型认知、科学态度与社会责任的学科核心素养。

（2）通过探究元素周期表的结构、物质结构和元素性质的关系、规律，培养学生结构决定性质和性质反映结构的宏观辨识与微观探析的学科核心素养。

## 三、教学重难点

教学重点：元素性质与原子结构的关系。

教学难点：元素性质与原子结构的关系。

## 四、教学方法

信息分析学习法、合作交流讨论法。

## 五、教学设计思路

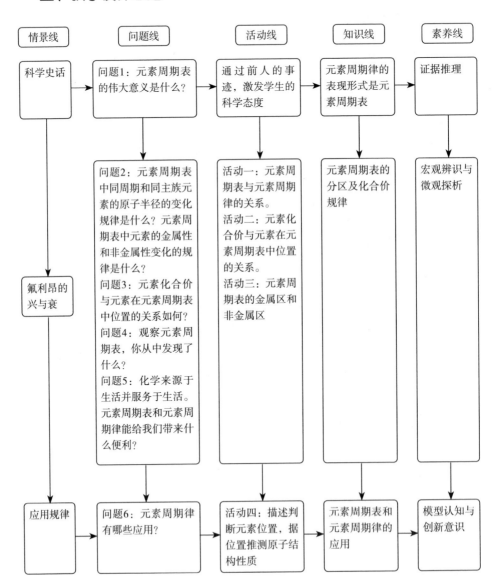

## 六、教学过程

### 教学环节一：元素周期表的分区及化合价规律

| 教师活动 | 学生活动 | 设计意图 |
|---|---|---|
| 科学史话：门捷列夫在研究元素周期表时，科学地预言了11种尚未发现的元素，为它们在周期表中留下空位。例如，他认为在铝的下方有一种与铝类似的元素——"类铝"，并预测了它的性质。1875年，法国化学家发现了这种元素，将它命名为"镓"。镓的性质与门捷列夫推测的一样。门捷列夫还预测，在硅和锡之间存在一种元素——"类硅"，15年后该元素被德国化学家文克勒发现，为了纪念他的祖国，将其命名为"锗"。<br>根据信息，元素周期表的伟大意义是什么？让我们带着这个问题进入今天的学习<br>（板书：元素周期表和元素周期律的应用） | 阅读、思考 | 元素周期律的表现形式是元素周期表，它反映了元素之间的内在联系，是学习、研究和应用化学的重要工具 |
| 学习任务一：元素周期表的分区及化合价规律<br>活动一：元素周期表与元素周期律的关系。<br>1930年美国化学家托马斯·米奇利成功地获得了一种新型的制冷剂——$CCl_2F_2$（氟利昂，简称F12）。这完全得益于元素周期表的指导。在1930年前，一些气体，如氨、二氧化硫、氯乙烷和氯甲烷等，被相继用作制冷剂。但是，这些制冷剂不是有毒就是易燃，很不安全。为了寻找无毒、不易燃烧的制冷剂，米奇利根据元素周期表研究、分析单质及化合物易燃性和毒性的递变规律。20世纪80年代，科学家们发现氟利昂会破坏大气的臭氧层，危害人类的健康和气候，逐步将其淘汰。人们又将在元素周期表的指导下去寻找新一代的制冷剂 | 思考、讨论。 | 阅读、提取信息 |

续 表

| 教师活动 | 学生活动 | 设计意图 |
|---|---|---|
| | | 元素周期律是学习、研究和应用化学的一种重要工具。 |

```
        ┌──────→ 原子结构 ←──────┐
        │         ↓    ↓         │
   ┌─────────────┐    ┌──────────────┐
   │质子数=原子序数│    │最外层电子数、电│
   │电子层数=周期数│    │子层数等       │
   │最外层电子数= │    │金属性、非金属性│
   │主族序数      │    └──────────────┘
   └─────────────┘           ↕
        ↓              ┌──────────┐
   ┌──────────┐  同周期：递变│元素的性质 │
   │元素周期表 │─────────└──────────┘
   │中的位置   │  同主族：相
   └──────────┘  似、递变
```

问题1：元素周期表中同周期和同主族元素的原子半径的变化规律是什么？元素周期表中元素的金属性和非金属性变化的规律是什么？

课堂练习：

（1）电子层数相同的三种元素X、Y、Z，它们最高价氧化物对应的水化物的酸性由强到弱的顺序是 $HXO_4 > H_2YO_4 > H_3ZO_4$。下列判断中不正确的是（    ）

A. 原子序数：X<Y<Z

B. 元素的原子半径：X>Y>Z

C. 元素的非金属性：X>Y>Z

D. 气态氢化物的稳定性：X>Y>Z

（2）短周期主族元素中最高价氧化物的水化物酸性最强的是_____，碱性最强的是_____。气态氢化物稳定性最强的是_____。

（3）已知铍（Be）的原子序数为4，下列相关叙述中，正确的是（    ）

A. 铍的原子半径大于硼的原子半径

B. 氯化铍分子的化学式为 $BeCl$

C. 氢氧化铍的碱性比氢氧化钙的弱

D. 单质铍跟冷水反应产生氢气

问题2：元素化合价与元素在元素周期表中位置的关系如何？

学生活动栏：
举手抢答。

举手抢答并评价

设计意图栏：
回顾元素周期律的知识。

巩固知识

| 教师活动 | 学生活动 | 设计意图 |
|---|---|---|
| 活动二：元素化合价与元素在元素周期表中位置的关系。<br>（1）价电子：元素的化合价与原子的最外层电子数有密切关系，所以，元素原子的最外层电子也叫价电子。主族元素的价电子是最外层电子，过渡元素的价电子包括最外层电子及次外层或倒数第三层的部分电子。<br>（2）主族元素最高正化合价=主族序数=最外层电子数（价电子数）。<br>（3）非金属元素的化合价。<br>①最高正化合价等于原子所能失去或偏移的最外层电子数。<br>②最低负化合价等于使它达到8个电子稳定结构所需要得到的电子数。<br>课堂练习：<br>（1）已知某原子最外层有7个电子，推测下列选项不正确的是（　　）<br>A. 单质有氧化性<br>B. 最高正价一定为+7价<br>C. 是非金属元素<br>D. 同周期元素中原子半径最小<br>（2）某主族元素R的最高正化合价与最低负化合价的代数和为4，由此可以判断（　　）<br>A. R的简单气态氢化物的化学式为$H_2R$<br>B. R一定是第ⅣA族元素<br>C. R的简单气态氢化物比同周期其他元素的简单气态氢化物稳定<br>D. R一定是第四周期元素<br>（3）五种短周期元素的原子半径、最高正化合价及负化合价见下表，下列叙述正确的是（　　） | 归纳总结。<br><br><br><br><br><br><br><br><br><br><br><br>举手抢答并评价 | 沙场点兵，学以致用。<br><br><br><br><br><br><br><br><br><br><br><br><br><br><br><br><br>随堂演练，学以致用 |

| 元素代号 | L | M | Q | R | T |
|---|---|---|---|---|---|
| 原子半径/nm | 0.160 | 0.089 | 0.143 | 0.102 | 0.074 |
| 化合价 | +2 | +2 | +3 | +6，−2 | −2 |

189

续 表

| 教师活动 | 学生活动 | 设计意图 |
|---|---|---|
| A. L的金属性比M的金属性弱<br>B. Q、T两元素间可形成两性化合物<br>C. T的单质是黄绿色气体<br>D. L、R两元素的简单离子的核外电子数可能相等<br>过渡：观察元素周期表，你从中发现了什么？<br>活动三：元素周期表的金属区和非金属区。<br>（1）金属元素和非金属元素在元素周期表中有相对明确的分区现象。如下图所示，虚线左下方是金属元素，虚线右上方是非金属元素。 | 讨论。<br><br><br><br><br><br><br>小组代表举手抢答汇报并自主评价。 | |
| 周期 / 族 图示 | | 增强学生观察、提取信息能力 |
| （2）分界线的划分：沿着周期表中B、Si、As、Te、At和Al、Ge、Sb、Po之间画一条虚线，虚线的左边是金属元素，右边是非金属元素。<br>（3）分界线附近的元素既能表现出一定的金属性，又能表现出一定的非金属性，故元素的金属性和非金属性之间没有严格的界限。<br>（4）周期表的左下方是金属性最强的元素，是铯元素（放射性元素除外）；右上方是非金属性最强的元素，是氟元素；最后一个纵行是0族元素 | 举手抢答 | |

190

| 教师活动 | 学生活动 | 设计意图 |
|---|---|---|
| 课堂练习：<br>根据元素所在元素周期表的位置，下列元素都能作为半导体材料的是（　　）<br>A. Si、K　　　　　　 B. C、Si<br>C. Si、Ge　　　　　 D. As、Se | 回答 | 讲练结合 |

**教学环节二：元素周期表和元素周期律的应用**

通过对元素周期表及元素周期律的学习，诊断并发展学生的知识迁移能力。

| 教师活动 | 学生活动 | 设计意图 |
|---|---|---|
| 学习任务二：元素周期表和元素周期律的应用<br>活动四：元素的位置、结构、性质之间的关系。<br>元素在元素周期表中的位置反映了元素的原子结构和元素的性质，而根据元素的原子结构又可推测它在元素周期表中的位置和性质，三者之间的关系如下图所示。 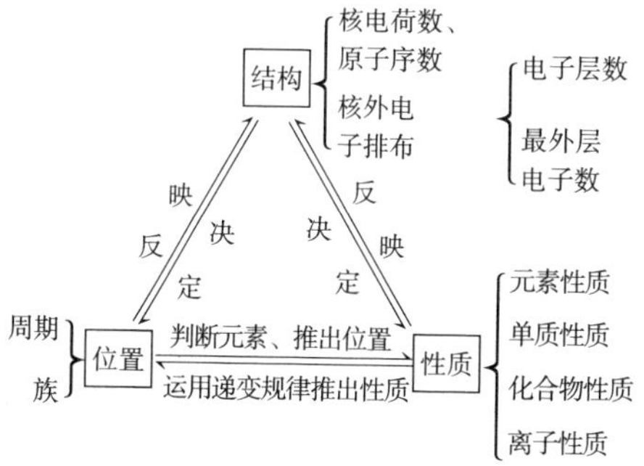 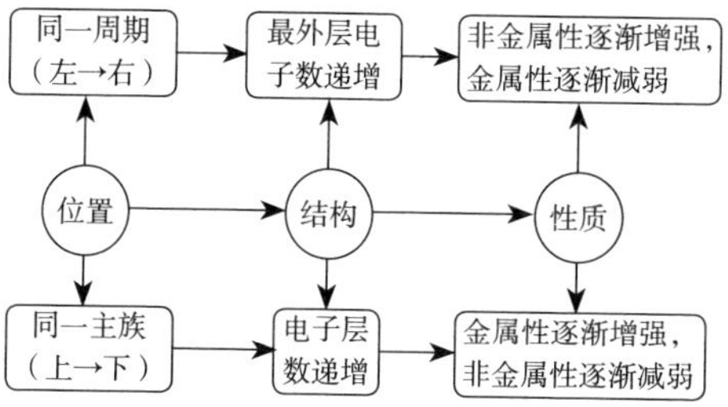<br><br> | 思考、讨论 | 元素周期律是学习、研究和应用化学的一种重要工具 |

| 教师活动 | 学生活动 | 设计意图 |
|---|---|---|
| 三个定量关系：<br>（1）电子层数=周期序数。<br>（2）最外层电子数=主族序数=最高正化合价（O、F除外）。<br>（3）最低负价与最高正价的绝对值之和为8或2。<br>过渡：化学来源于生活并服务于生活，元素周期表和元素周期律能给我们带来什么便利？<br>科学预测：为新元素的发现和预测它们的原子结构和性质提供线索。<br>指出其他与化学相关的科学技术研究：<br>（1）从金属与非金属分界线附近的元素中寻找半导体材料，如硅、锗、镓。<br>（2）在元素周期表中的非金属区域探索研制农药的材料。<br>（3）从过渡元素中寻找制造催化剂和耐高温、耐腐蚀合金的元素。<br>课堂练习：<br>（1）砷（As）为第四周期第ⅤA族元素，根据元素周期表和元素周期律的知识，下列有关推测不正确的是（　　　）<br>A. 砷有−3、+3、+5等多种化合价<br>B. 原子半径：$As>P$<br>C. 酸性：$H_3AsO_4>H_2SO_4$<br>D. 热稳定性：$HBr>AsH_3$<br>（2）元素周期表中的金属元素和非金属元素的分界线处用虚线表示。下列说法正确的是（　　　） | 阅读教材、归纳总结。<br><br><br><br>举手抢答并评价。<br><br><br><br>举手抢答并评价 | 感受化学来源于生活并服务于生活。诊断并发展学生的知识迁移的能力 |

| 周期 | 族 | | | | |
|---|---|---|---|---|---|
| | ⅢA | ⅣA | ⅤA | ⅥA | ⅦA |
| 第二周期 | B | | | | |
| 第三周期 | Al | Si | | | |
| 第四周期 | | Ge | As | | |
| 第五周期 | | | Sb | Te | |
| 第六周期 | | | | Po | At |

续 表

| 教师活动 | 学生活动 | 设计意图 |
|---|---|---|
| A. 元素的性质总在不断发生明显的变化<br>B. 紧靠虚线两侧的元素都是两性金属元素<br>C. 可在虚线附近寻找半导体材料（如Ge、Si等）<br>D. 可在虚线的右上方寻找耐高温材料 | | 首尾呼应结束新课 |
| 布置作业：<br>完成教材P112第2、3、6题 | 完成作业 | 巩固提高 |

## 七、教学反思

前面已经深入学习了原子结构的知识，借助对碱金属元素和卤素的学习，了解了原子结构与元素性质的关系。能够从原子结构、元素代表性物质的性质、元素在元素周期表中的位置三个角度认识化学元素，但这三个视角孤立，还未系统化。课堂的结尾回归生活，巩固提升的同时让学生意识到化学来源于生活并服务于生活。

## 八、板书设计

| 主板书：<br>1. 元素周期表的分区及化合价规律<br>（1）元素周期表与元素周期律的关系。<br>（2）元素化合价与元素在元素周期表中位置的关系。<br>（3）元素周期表的金属区和非金属区。<br>2. 元素周期表和元素周期律的应用<br>（1）元素的位置、结构、性质之间的关系。<br>（2）科学预测。<br>（3）指导其他与化学相关的科学技术研究 | 副板书：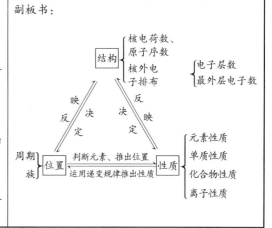 |

# 第三节　化学键

# 第一课时　离子键

## 一、教学分析

### （一）课标分析

**内容要求**：认识构成物质的微粒之间存在相互作用，结合典型实例认识离子键的形成。

**学业要求**：能判断简单离子化合物中的化学键类型。

### （二）教材内容分析

本节教学内容选自人教版高中化学必修第一册第四章"物质结构　元素周期律"第三节"化学键"第一课时。关于离子键，教材通过分析钠原子、氯原子的核外电子排布，从微观电子的得失角度分析化合物氯化钠的形成过程，从而引出离子键、离子化合物的概念，并引出电子式及其表示离子化合物的形成过程。

化学键作为高中化学的一个主要知识点，起着承上启下的作用。承接初中的原子构成物质部分内容，引导学生进一步从结构角度认识物质构成，对物质结构理论有更为系统的认识，从而揭示化学反应的实质，对学生微粒观、变化观的发展和完善有着十分重要的影响，也为今后更深层次的学习奠定基础。

### （三）学情分析

初中化学讨论了离子的概念，学生知道了带正电的$Na^+$和带负电的$Cl^-$形成了$NaCl$，也知道了物质是由分子、原子或离子构成的，但学生不知道离子键、离子化合物的概念，也不知道它们是怎样形成的。

本课时的教学设计根据学生的认知规律，首先从宏观角度复习氯化钠的形成，再进一步探究微观形成的本质。本节课就以"离子键（概念、成键粒子、成键本质）—离子化合物（概念、常见物质类别）—电子式（概念、书写规则）—归纳总结"为线索进行教学。在教学过程中，利用图片和动画，充分发展学生宏观辨识与微观探析、证据推理与模型认知等化学学科核心素养。

## 二、教学目标

知识目标：

（1）通过宏观视角和微观视角对氯化钠形成过程的分析，归纳离子键的成键本质、成键微粒，认识离子键形成过程的本质，培养宏观辨识与微观探析和证据推理与模型认知的化学学科核心素养。

（2）通过用电子式对离子化合物的形成进行表征，构建"宏观—微观—符号"三重表征认知模型，培养宏观辨识与微观探析和证据推理与模型认知化学学科核心素养。

能力目标：

（1）通过宏观和微观两种视角对氯化钠形成过程的分析，诊断并提升学生宏微视角转换的能力。

（2）通过对典型物质（NaCl）的离子键的形成过程的分析，诊断并发展学生宏观辨识与微观探析的能力。

（3）通过运用电子式对离子化合物的形成过程进行表征，诊断并发展学生学习迁移能力及对"宏观—微观—符号"三重表征的应用能力。

## 三、教学重难点

教学重点：离子键、离子化合物的概念，电子式的书写。

教学难点：电子式的书写。

## 四、教学方法

情境引导、问题驱动法、多媒体辅助法（演示实验展台）、归纳总结。

## 五、教学设计思路

| 情景线 | 问题线 | 活动线 | 知识线 | 素养线 |
|---|---|---|---|---|
| | 问题1：从宏观角度回顾氯化钠是如何形成的? | 观看视频，观察记录现象 | 钠与氯气反应生成NaCl | 宏观感知离子键的形成 |
| 实验：钠在氯气中燃烧 | 问题2：氯化钠中的微粒是什么? 从原子结构的角度来看，钠原子和氯原子是怎样形成氯化钠的呢?<br>思考1：画出钠原子、氯原子的结构示意图，其结构稳定吗? 如何形成稳定结构?<br>思考2：Na⁺和Cl⁻是如何结合在一起的? 它们之间存在哪些力?<br>思考3：哪些元素间容易形成离子键? 这些元素在元素周期表的什么位置? | 小组讨论，画原子结构示意图，再从得失电子形成稳定结构的角度分析氯化钠的形成过程以及相互作用。最后归纳离子键的概念、成键本质、成键微粒、成键条件 | 以氯化钠为例，得出离子键的形成过程及成键本质，以及离子键的成键微粒和成键元素 | 充分发展学生宏观辨识与微观探析、证据推理与模型认知的能力 |
| | 思考4：判断下列哪些物质含有离子键。<br>思考5：判断下列说法是否正确 | 练习巩固离子键的成键条件，通过讨论归纳得到离子化合物的概念及其所含物质类别 | 离子化合物的概念，以及所含的常见的物质类别 | 诊断并发展学生知识迁移的能力 |
| | 问题3：化学反应中一般是原子的最外层电子发生变化，所以化学反应中需要表示出最外层电子的变化，那么用什么来表示呢?<br>问题4：如何用更简单的化学语言表达NaCl的形成? | 学习电子式的书写并练习 | 电子式的概念及书写规则 | 充分发展学生宏观辨识与微观探析、证据推理与模型认知的能力 |

## 六、教学过程

### 教学环节一：离子键

以"盐灯"引入新课，激发学生好奇心，引发学生思考。活动一的开展让学生温故知新，能够从宏观现象进入活动二的微观本质的探究，充分发展学生宏观辨识与微观探析，证据推理与模型认知等化学学科核心素养。

| 教师活动 | 学生活动 | 设计意图 |
|---|---|---|
| 创设情境：你知道"盐灯"吗？<br>播放视频《盐灯的材料及工艺》。<br>"盐"是怎么形成的？让我们带着这个问题进入今天的学习。<br>（板书：§4.3.1 离子键） | 观看视频。<br><br>思考 | 创设真实情境，引入新课，激发学生探究欲望，提高学生学习热情，并以问题驱动推动学生学习 |
| 活动一：宏观辨识之初识离子键。<br>观看金属钠与氯气反应的视频。<br>问题1：从宏观角度回顾，氯化钠是如何形成的？记录实验现象，并写出化学方程式。<br>活动二：微观探析之再识离子键。<br>问题2：氯化钠中的微粒是什么？从原子结构的角度来看，钠原子和氯原子是怎样形成氯化钠的？<br>思考：<br>（1）画出钠原子、氯原子的结构示意图，其结构稳定吗？如何形成稳定结构？<br>（2）$Na^+$和$Cl^-$是如何结合在一起的？它们之间存在哪些力？<br>（引导学生结合微粒带电情况进行分析）<br>（3）哪些元素间容易形成离子键？这些元素在元素周期表的什么位置？ | 观看视频，记录现象并书写化学方程式。<br><br><br><br><br>从微观角度思考氯化钠是如何形成的。<br><br><br><br>画图，思考并回答问题。 | 让学生温故知新，并通过问题驱动和实验探究培养学生宏观辨识与微观探析、科学探究与创新意识等核心素养。<br><br><br>通过引导学生从电子得失角度分析氯化钠的形成过程，完成宏观实验现象到微观本质视角的转换，培养学生宏观辨识与微观探析的核心素养。 |
| <table><tr><td>ⅠA</td><td>ⅡA</td><td></td><td>ⅢA</td><td>ⅣA</td><td>ⅤA</td><td>ⅥA</td><td>ⅦA</td><td>0</td></tr><tr><td>H</td><td></td><td></td><td></td><td></td><td></td><td></td><td></td><td>He</td></tr><tr><td>Li</td><td>Be</td><td></td><td>B</td><td>C</td><td>N</td><td>O</td><td>F</td><td>Ne</td></tr><tr><td>Na</td><td>Mg</td><td></td><td>Al</td><td>Si</td><td>P</td><td>S</td><td>Cl</td><td>Ar</td></tr><tr><td>K</td><td>Ca</td><td>…</td><td>Ca</td><td>Ge</td><td>As</td><td>Se</td><td>Br</td><td>Kr</td></tr><tr><td>Rb</td><td>Sr</td><td></td><td>In</td><td>Sn</td><td>Sb</td><td>Te</td><td>I</td><td>Xe</td></tr><tr><td>Cs</td><td>Ba</td><td></td><td>Tl</td><td>Pb</td><td>Bi</td><td>Po</td><td>At</td><td>Rn</td></tr><tr><td>Fr</td><td>Ra</td><td></td><td></td><td></td><td></td><td></td><td></td><td></td></tr></table> | 分析、思考并回答问题。 | 建立"结构决定性质"的化学观念。 |

续　表

| 教师活动 | 学生活动 | 设计意图 |
|---|---|---|
| 练习：<br>判断下列物质是否含有离子键。<br>① NaOH _____<br>② HCl _____<br>③ Na₂O _____<br>④ KBr _____<br>⑤ KNO₃ _____<br>⑥ NH₄Cl _____ | 练习并回答问题 | 强化对离子键的概念、成键微粒、成键条件的理解与认识 |

**教学环节二：离子化合物**

通过练习，强化对离子键的概念、成键微粒、成键条件的理解与认识，并归纳得出离子化合物的概念与所含物质类别，充分发展学生证据推理与模型认知等化学学科核心素养。

| 教师活动 | 学生活动 | 设计意图 |
|---|---|---|
| 过渡：此类含有离子键的物质叫作离子化合物。<br>追问：上述含有离子键的物质分别属于哪类物质？<br>练习：<br>判断下列说法是否正确。<br>（1）离子化合物中一定含有离子键。（　　）<br>（2）含有离子键的物质一定是离子化合物。（　　）<br>（3）离子化合物中一定含有阴离子和阳离子。（　　）<br>（4）离子化合物中一定含有金属元素。（　　）<br>（5）含有金属元素的化合物一定是离子化合物。（　　） | 归纳总结。<br><br><br><br><br><br>思考、分析物质类别，回答问题 | 在微观探析的过程中，认识物质分类的实质，并梳理离子化合物的类别。<br><br><br><br><br><br>强化学生对离子化合物概念的理解与认识 |

**教学环节三：电子式**

通过离子化合物的形成过程表征，引入电子式。从宏观、微观、符号三个维度认识和理解化学知识，并建立三者之间的内在联系。用电子式表征化学键的形成过程，将复杂的化学问题简单化，将抽象的化学问题具体化、显性化，充分发展学生宏观辨识与微观探析和证据推理与模型认知的化学学科核心素养。

| 教师活动 | 学生活动 | 设计意图 |
|---|---|---|
| 活动三：符号表征之再探离子键。<br>问题3：化学反应中一般是原子的最外层电子发生变化，所以化学反应中需要表示出最外层电子的变化，那么用什么来表示呢？<br>引导学生阅读课本P16资料卡片寻找答案。<br>过渡：电子式也有它的书写规则，接下来我们一起来认识一下不同微粒电子式的书写规则。<br>讲练结合，讲解以下微粒：<br>原子：_____<br>离子：_____<br>物质：_____<br>问题4：如何用更简单的化学语言表达NaCl的形成？<br><br>$Na \times + \ddot{\underset{\cdots}{Cl}} : \longrightarrow Na^+ \left[ \overset{\times}{\underset{\cdots}{\ddot{Cl}}} : \right]^-$<br><br>练习：请同学们用电子式表示Na$_2$O、MgCl$_2$形成过程。<br>小结：<br>书写要点：①左侧写原子的电子式；②用弧形箭头表示电子转移的方向；③中间用"→"连接；④右侧写离子化合物的电子式 | 阅读资料卡片，了解什么是电子式。<br><br><br><br><br><br>认真听讲并练习，最后归纳总结。<br><br><br><br><br><br><br><br>认真听讲并练习，最后归纳总结 | 通过电子式呈现离子键的形成过程，构建"宏观—微观—符号"三重表征的认知模型，体现化学学科的基本特征和价值，培养学生宏观辨识与微观探析的核心素养 |
| 布置作业：<br>预习共价键 | 完成作业 | 为下节课的学习做铺垫 |

## 七、教学反思

化学键对于高一的学生来说有些抽象，不容易理解。本节课是在学习了原子结构、元素周期表、氧化还原反应等内容后学习的，对学生理解化学键有一定的帮助。但学生的基础较薄弱，所以在讲授知识的时候，降低问题难度尤其重要。因此，在教学中，设置了一系列问题驱动学生自主思考。为了让学生形象地感知微粒之间存在的相互作用力，引导学生分析氯化钠中化学键的形成过程，并最终得出离子键的概念、成键微粒等；在学生练习的基础上引导学生进行整理归纳，得出离子化合物及其包含的物质类别，最后用符号表征。

这样在教师的引导、启发下，学生逐步分析、层层深入，交流、讨论、评价，充分体现了学生的主体地位，有助于加深学生理解和知识网络的构建，发展学生的思维。

## 八、板书设计

### §4.3.1　离子键

一、离子键

1.概念：带相反电荷离子之间的相互作用。

2.成键粒子：阳离子和阴离子。

3.成键本质：静电作用（静电吸引和静电排斥的平衡）。

4.成键条件：活泼金属+活泼非金属，金属阳离子（或$NH_4^+$）+酸根阴离子。

二、离子化合物

1.概念：由离子键构成的化合物叫作离子化合物。

2.常见物质的类别：强碱、活泼金属氧化物、多数盐。

三、电子式

1.概念：在元素符号周围用"·"或"×"来表示原子最外层电子。

2.电子式书写规则：上下左右四个方向排列电子，每边不超过2个；电子排布先分散后集中；电子排布尽量对称、美观。

# 第二课时　共价键

## 一、教学分析

### （一）课标分析

**基本理念：** 本设计是基于学科核心素养的课堂教学设计，倡导在真实的情境中，通过对化学物质与化学反应宏观视角下的认识与微观结构的理解，让学生可以从微观角度理解化学物质的稳定性与化学反应发生的过程，以发展宏观辨识与微观辨析的学科核心素养，并以此培养学生举一反三的思辨能力，让学生可以用共价键去理解共价化合物的微观结构，可以用共价键的断裂与形成去解释宏观视野下发生的化学反应。

**内容要求**：了解共价键、极性键、非极性键和共价化合物的概念，并能用电子式表示共价化合物的结构及共价化合物的形成过程。

**学业要求**：能判断简单共价化合物中的化学键类型，能基于化学键解释某些化学反应的热效应。

### （二）教材内容分析

本节课基本概念较多且抽象，教材内容采用归纳的呈现方法，从个别到一般，在离子键和共价键的基础上，归纳出化学键的概念。

本节课在离子键的基础上，再利用"相互作用达到稳定结构"这一思路来讨论共价键，可以使学生更容易地理解共价键的概念。

教材引入了电子式、分子结构模型等，以帮助学生形象地认识微观、抽象的概念。电子式的呈现突出其工具性，以使学生易于理解原子核外电子排布，说明物质的形成过程；分子结构模型是一种实物模型，在本节课重在呈现分子的结构，帮助学生认识到分子是有一定的空间结构的，并且使学生可以形象地解释化学反应的本质。

化学键对于学生来说是个新的概念，在必修阶段的学业要求不高，教材只介绍了简单的离子化合物和共价化合物的化学键类型。关于共价键的概念与离子键的处理方式类似，是以HCl的形成为例，并列举其他结构简单的物质；此外，通过共价化合物，简单说明了分子具有一定的空间结构，并简单介绍了极性键和非极性键。必修阶段的化学键内容只是为了使学生更好地认识分子的结构和微粒间的相互作用，并没有深入讨论，更多相关内容将在选择性必修课程中做系统介绍。

### （三）学情分析

在初中的学习中，学生已经学习过原子与分子等基本概念，知道物质是由原子、分子构成的，但学生并不知道共价化合物的概念，也不知道它们是如何形成的。本节课从微观离子键相互作用的视角讨论物质的构成，并揭示化学反应的本质。

本节课遵循学生的认知规律，用氢气与氯气的实验视频引入，通过观察氢气在氯气中燃烧的实验现象，激发学生的学习兴趣，引入本节课的学习。本节课引导学生分析氢原子和氯原子的结构，探讨让氢原子和氯原子稳定的方法，通过学生设计微观结构，得出氢气与氯气的稳定结构，并引出共用电子对和共价键的概念。本节课介绍了氢气与氯气反应的微观机理——氢气与氯气断键成为氢原子与氯原子，然后重新成键，形成氯化氢分子，在此过程中引导学生构建起化学反应是"旧化学键断裂与新化学键形成"的过程，及"断键吸热，成键放热"的基本认知。本节课通过对比氢气与氯化氢分子所成共价键的差异，引出极性键与非极性键的概念；通过归纳生活中存在共价键的物质，归纳出共价化合物的概念及其表示方法——电子式。

## 二、教学目标

**知识目标：**

（1）以典型物质为例认识共价键的形成，建立化学键的概念，培养宏观辨识与微观辨析的学科核心素养。

（2）能用电子式对共价键进行表征。能描述和表示化学键理论模型，提升模型认知的学科核心素养。

（3）知道分子存在一定的空间结构，认识化学键的断裂和形成是化学反应中物质变化及能量变化的主要原因，培养变化观念。

**能力目标：**

（1）通过对极性键与非极性键区分的分析，诊断并发展学生提取信息的能力与分析推理能力。

（2）通过对离子化合物与共价化合物区分的分析，诊断学生提取信息的能力。

（3）通过对常见物质的电子式练习，诊断并发展学生提取信息的能力和知识迁移应用的能力。

## 三、教学重难点

教学重点：共价键、极性键、非极性键及共价化合物等概念，电子式的书写。

教学难点：从微粒间相互作用的视角认识化学反应的本质。

## 四、教学方法

小组讨论法、问题驱动法。

## 五、教学设计思路

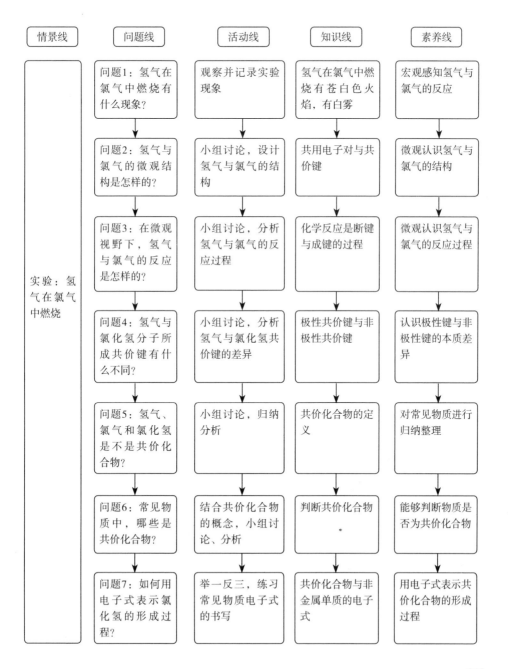

## 六、教学过程

### 教学环节一：宏微结合，认识共价键

以氢气在氯气中燃烧的实验引入本节课，探究氢气与氯气反应的微观过程贯穿任务一共价键的学习。在此过程中，通过对氢气与氯气微观结构的探究，学习共价键的概念。通过对氢气与氯气反应的微观过程的学习，从化学键角度理解化学反应发生的过程。通过对氢气与氯化氢结构差异的思考，学习极性键与非极性键的概念。本环节的学习符合学生的认知发展规律。

| 教师活动 | 学生活动 | 设计意图 |
|---|---|---|
| 播放氢气在氯气中燃烧的实验视频。<br>引入：我们在之前学习氯气性质的时候学习过氢气在氯气中燃烧的实验，那大家有没有思考过，在微观视角下，氢气是如何与氯气反应的呢？我们今天就一起探究一下微观视角下，氢气与氯气的反应过程。<br>（板书：共价键） | 观看视频，记录实验现象 | 以学生熟悉的氢气在氯气中燃烧的实验引入本节课的学习 |
| 活动一：初识共价键。<br>思考1：根据氢原子和氯原子的原子结构，思考氢气和氯气的结构。<br>提示：<br>（1）氢原子需要得到2个电子达到稳定状态，氯原子最外层需要8个电子达到稳定状态。<br>（2）非金属元素的原子都倾向于得电子，不能失电子。<br><br>氢气　　　　氯气<br>像氢气与氯气这样同时属于两个原子的电子对我们称为共用电子对，共用电子对形成的相互作用就是共价键。<br>（板书：一、共价键） | 小组讨论氢气与氯气的微观结构。<br><br>小组代表依次上台介绍本组的探讨结果，得出氢气与氯气的微观结构。 | 用氢气与氯气的结构引入共价键的探究。 |

| 教师活动 | 学生活动 | 设计意图 |
|---|---|---|
| 思考2：结合氢气与氯气的微观结构，试探讨一下氢气与氯气的反应过程。<br><br>$H_2+Cl_2\xrightarrow{\text{点燃}}2HCl$<br><br>同学们的思考与科学家的研究结果是一致的，氢气与氯气的反应确实是先分解形成不稳定的氢原子与氯原子，而后氢原子与氯原子再组成更稳定的氯化氢分子。<br>由此可以看出，化学反应的过程就是旧键断裂、新键形成的过程。<br>问题1：氢气与氯气的反应是燃烧，我们知道，燃烧是剧烈的发光放热的反应，那旧键断裂与新键形成的两个过程分别是放热的还是吸热的？<br>提示：物质越稳定，能量越低。<br>小结：从大家的回答可以知道，旧键的断裂是吸热的，因为物质是从稳定的分子变成不稳定的原子，能量在升高，需要吸热。而新键的形成是放热的，因为物质是从不稳定的原子再次变成稳定的分子。<br>断键吸热，成键放热 | 小组讨论，得出微观视野下的反应过程。<br><br><br><br><br><br><br><br><br><br><br>小组代表举手抢答和补充 | 以氢气与氯气的反应为例，从化学键角度分析化学反应 |
| 活动二：再探共价键。<br>思考3：为什么HCl中H显+1价，而H₂中H却是0价？<br>小结：因为HCl中的共用电子对出现了偏移，使得氢原子与氯原子出现了电性差异，因此，电子对偏离的H原子略带正电，故标注为+1价。而氢气中的共用电子对因为两个原子核的吸引相同，故不会偏移，氢气中的两原子不显电性，故呈0价。<br>由此我们发现，共价键根据电子对是否发生偏移，也可以分类：电子对会偏移，使原子产生电性差异的共价键称为极性共价键；而不会发生偏移的共价键称为非极性共价键。<br>（板书：极性键 非极性键）<br>问题2：是什么影响电子对的偏移？ | 小组讨论，从HCl与H₂的结构差异中寻找答案。<br><br><br><br><br><br><br><br><br><br><br>思考、回答问题 | 以氯化氢和氢气作为典型物质分析氯化氢和氢气共价键的差异 |

续 表

| 教师活动 | 学生活动 | 设计意图 |
|---|---|---|
| 小结：因为成键原子的吸引力。若吸引力一样大，则不发生偏移；而吸引力如果不一样大，则会发生偏移。对于共用电子对的吸引力源于成键原子的原子核所带电荷数。简单来说就是同种元素成共价键为非极性键，不同元素成共价键为极性键 | | |

**教学环节二：构建微观模型，认识共价化合物**

在本环节中，从氢气、氯气和氯化氢入手，讨论三者是不是共价化合物，由此引出共价化合物的概念，并以生活中常见的含有共价键的物质为例，讨论哪些是共价化合物，让学生知道哪些物质有共价键，哪些有共价键的物质是共价化合物，以此达到学会判断共价化合物的目的。

| 教师活动 | 学生活动 | 设计意图 |
|---|---|---|
| 活动三：认识共价化合物。<br>思考3：氢气、氯气和氯化氢都有共价键，这三种物质是共价化合物吗？<br>小结：三种物质都是含有共价键的物质，但氢气和氯气是单质，不是化合物，因此，只有氯化氢是共价化合物。<br>（板书：二、共价化合物） | 结合共价化合物的定义思考分析 | 以氢气、氯气和氯化氢为代表，认识共价化合物 |
| 思考4：共价化合物是只含有共价键的化合物，那我们生活中哪些物质含有共价键呢？<br>①非金属单质，如$H_2$、$O_2$等。<br>②非金属氧化物，如$H_2O$、$CO$、$CO_2$等。<br>③非金属氢化物，如$HCl$、$NH_3$等。<br>④酸，如$H_2SO_4$、$HClO$等。<br>⑤大多数有机化合物，如$CCl_4$、$CH_4$等。<br>⑥某些离子化合物，如$NaOH$、$NH_4Cl$等。<br>问题3：上述物质中，哪些是共价化合物呢？<br>小结：共价化合物——只含有共价键的化合物 | 思考、回答。<br><br><br><br><br><br><br><br>思考、回答 | 以常见物质进行判断练习，掌握共价化合物的概念 |

**教学环节三：掌握学科基本能力，用电子式表示共价化合物**

在掌握了共价化合物的相关概念后，让学生运用上一课时学习的电子式表示本节课所学的共价键。对比离子键与共价键的差异，掌握共价键的表示方法。

| 教师活动 | 学生活动 | 设计意图 |
|---|---|---|
| 思考5：如何用电子式表示氢气、氯气和氯化氢？<br>讨论，纠错。<br>练习：试写出下列物质的电子式。<br><br>$H_2$: _____ HCl: _____<br>$CS_2$: _____ $N_2$: _____<br>$H_2O$: _____ HClO: _____<br>$O_2$: _____ $NH_3$: _____<br>$CH_4$: _____ $F_2$: _____<br><br>改错：随机抽一名学生写的电子式，请其他学生点评 | 思考、书写。<br><br><br><br><br>练习、书写。<br><br><br>代表点评 | 以氢气、氯气和氯化氢等物质为代表学习电子式的书写 |
| 思考6：如何用电子式表示HCl的形成过程？<br>讨论，纠错。<br>练习：试用电子式表示水分子的形成过程。<br>讲评，改错。<br>小结：<br>用电子式表示含共价键的物质时，应当注意：<br>（1）不能用"［ ］"分割共用电子对。<br>（2）两个相同原子构成分子时，原子不能合并写 | 思考、书写。<br><br><br>练习、书写。<br><br><br>思考、归纳 | 以氯化氢的形成过程为代表讲解共价化合物的形成过程 |

## 七、教学反思

本节课旨在以氢气与氯气的反应作为背景，贯穿共价键—共价化合物—电子式的学习。选取氢气、氯气和氯化氢作为代表物质学习共价键和共价化合物等知识。

本节课所选用的背景是高一学生曾经学习过的知识，用氢气在氯气中燃烧的实验引入，学生较为容易接受。在知识点的安排上，本节课将课本上极性键、非极性键、化学键和化学反应的知识进行了变动，放在了共价键部分进行学习，知识体系更加完整，重难点更加突出，但学习难度也有所增加，对学生要求也更高。

总体而言，本节课是一节线索清晰、知识体系完整、符合学生认知规律的化学课。

## 八、板书设计

共价键

一、共价键

极性键　非极性键

二、共价化合物

# 第四节　章末复习

## 一、教学分析

### （一）教材内容分析

本课时教学内容选自人教版高中化学必修第一册第四章"物质结构　元素周期律"的章末复习知识，是在学习了前三节"原子结构与元素周期表"、"元素周期律"以及"化学键"的基础上的总结提升。

### （二）学情分析

学生虽然学习了前三节知识，有了一定的基础，但对知识的系统性的认识还不够，通过章末复习，使学生从整体的高度看问题更加深刻，使知识更加系统化。

## 二、教学目标

**知识目标：**

（1）对本章知识线索的框架的建构及巩固。

（2）掌握元素推断的一般思路。

（3）掌握元素性质递变规律的探究。

（4）加深对化学键的认识。

**能力目标：**

（1）通过对章末知识线索框架的建构、元素推断、性质递变规律的复习，诊断并发展学生证据推理与模型认知的学科核心素养。

（2）通过对化学键知识的巩固，引导学生形成"结构决定性质"的观念，培养学生宏观辨识与微观探析的学科核心素养。

## 三、教学重难点

教学重点：本章知识线索框架的建构、元素性质递变规律的探究、化学键的认识。

教学难点：元素性质递变规律的探究。

## 四、教学方法

归纳法、演绎法、问题驱动法。

## 五、教学设计思路

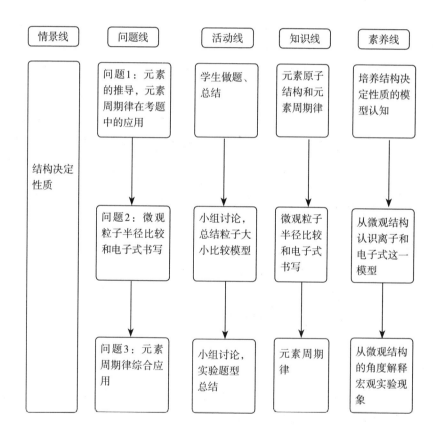

## 六、教学过程

### 教学环节一：元素的推导，元素周期律的应用

| 教师活动 | 学生活动 | 设计意图 |
|---|---|---|
| 例1：短周期元素a、b、c、d的原子序数依次增大，a的最外层电子数是电子层数的2倍，b的最外层电子数是电子层数的3倍，a、c的最外层电子数之和为6，d的核外电子数等于b的核外电子数加8。下列叙述错误的是（　　）<br>A. b和c可以形成化合物<br>B. c的原子半径小于d的原子半径<br>C. a和b可形成气态化合物<br>D. a和d最高价氧化物的水化物均呈酸性<br>例2：A、B、C、D是原子序数依次增大的四种短周期元素，在所有物质中，A的单质密度最小；B的一种氧化物是温室气体；A、C组成的化合物常温下为液态；在短周期元素中，D的半径最大。下列说法错误的是（　　）<br>A. 分别与B、C形成的简单化合物中，A与B形成的简单化合物的熔点低<br>B. A、B、C、D可以形成化合物<br>C. 元素的非金属性：B＞C＞A<br>D. 原子半径：D＞B＞C | 仔细分析，认真听讲。<br><br><br>勤思考，多动手 | 建立原子结构与元素性质、元素性质与物质性质的关系，会用原子结构的知识解释元素性质及其变化规律，能从元素周期表的构成、元素周期律的递变认知上形成"结构决定性质"的观念，从宏观和微观相结合的视角分析与解决实际问题。 |
| 对应练习1：短周期元素X、Y、Z、W在元素周期表中的相对位置如下图所示。已知Y、W的原子序数之和是Z的3倍，下列说法正确的是（　　）<br><br><br><br>A. 最高价氧化物对应水化物的酸性：Y＞W<br>B. 气态氢化物的稳定性：X＞Z<br>C. Z、W均可与Mg形成化合物<br>D. 原子半径：X＜Y＜Z | 认真分析，运用所学知识进行推导。 | |

| 教师活动 | 学生活动 | 设计意图 |
|---|---|---|
| 思考：通过上述两个例题，请归纳出解答元素推断题的一般思路。<br>补充：<br>解题思路：①挖掘题干信息，推导出元素名称。依据题目给出的题干信息，找到首先能够判断出的元素，然后根据元素在周期表中的相对位置及原子结构特点，确定出各元素的名称；②根据元素周期律判断递变规律：在判断出各元素名称的基础上，确定各元素在周期表中的位置。依据同周期、同主族元素性质的递变规律，判断各选项描述了什么性质 | 仔细思索、讨论，尽量完善 | 培养学生善于思考、总结、合作的能力，从而达到使学生掌握"位—构—性"的关系 |

**教学环节二：掌握微观离子半径比较和电子式书写**

根据元素周期表，结合元素周期律知识，掌握微观单核微粒半径大小的比较，掌握电子式的书写。

| 教师活动 | 学生活动 | 设计意图 |
|---|---|---|
| 例3：下列关于微观粒子半径大小的叙述中不正确的是（　　）<br>A.同一元素的原子半径大于相应的阳离子半径<br>B.同一元素的原子半径小于相应的阴离子半径<br>C.同一元素形成的多种价态的离子，价态越低，半径越小<br>D.同一元素的不同粒子，核外电子数越多，半径越大 | 运用所学知识进行思考。同一元素的原子半径小于相应阴离子的半径，大于相应阳离子的半径，即同一元素粒子的核外电子数越多，其半径越大；同一元素形成的多种价态的离子，价态越低，半径越大 | 掌握微观粒子半径大小的比较方法 |
| 对应练习2：现有部分短周期元素的性质或结构如下：<br><br>| 物质 | 性质或结构 |<br>|---|---|<br>| X | 与Mg同周期，最外层电子数是最内层电子数的3倍 |<br>| Y | 常温下单质为双原子分子，为黄绿色有毒气体 |<br>| Z | 单质为紫黑色，遇淀粉溶液显蓝色 | | （1）+16  2 8 6<br><br>（2）第五周期ⅦA族<br><br>（3）< | 通过构建"位—构—性"关系认知模型，发展对元素化合物化学性质的认知模型 |

续　表

| 教师活动 | 学生活动 | 设计意图 |
|---|---|---|
| （1）X的原子结构示意图是_____。<br>（2）Z在元素周期表中的位置_____。<br>（3）判断非金属性：X_____Y（填"＞""＜"或"＝"，下同）。<br>（4）判断非金属性：Y_____Z，写出结构上的原因_____。<br>（5）X的氢化物的电子式为_____，化学键类型为_____ | （4）＞Cl半径比I原子半径小，最外层电子数相同。<br>（5）H:$\overset{\cdot\cdot}{\underset{\cdot\cdot}{S}}$:H共价键 |  |
| 思考：如何比较单核微观粒子半径的大小？元素的非金属性、金属性如何比较？常见物质的电子式如何书写？ | 仔细思考、总结 |  |

**教学环节三：物质结构、元素周期律知识的综合应用**

| 教师活动 | 学生活动 | 设计意图 |
|---|---|---|
| 例4：某校化学学习小组分别设计了一组实验来探究元素周期律。<br>第一小组根据元素非金属性与其对应最高价含氧酸之间的关系，设计了下图所示的装置来一次性完成同主族元素非金属性强弱比较的实验探究。<br> | 认真思考：<br><br>第一组：<br>（1）溶液变浑浊。<br>$CO_2+SiO_3^{2-}+H_2O$===<br>$H_2SiO_3\downarrow+CO_3^{2-}$<br>（2）非金属性：C＞Si。<br>（3）稀硝酸有一定的挥发性，影响C和Si非金属性强弱的判断 | 通过实验探究，培养学生的科学探究与创新意识。 |

续 表

| 教师活动 | 学生活动 | 设计意图 |
|---|---|---|
| 查阅资料：<br>（1）常温下浓盐酸与高锰酸钾能反应生成氯气。<br>（2）$H_2SiO_3$难溶于水。<br>实验药品：大理石、碳酸钠粉末、稀硝酸、硅酸钠溶液。<br>探究过程：第一小组为比较N、C、Si的非金属性强弱，用如上页图所示的装置进行实验：<br>（1）烧杯C中现象为_____，发生反应的离子方程式为_____。<br>（2）实验预期结论：_____。<br>（3）存在问题：_____。<br>第二小组设计了如下图所示的装置来验证卤素单质的氧化性。A、B、C三处分别是蘸有溴化钠溶液的棉花、湿润的淀粉碘化钾试纸、湿润的红色纸条。<br><br><br>浓盐酸<br>A B C<br>高锰酸钾<br><br>（1）写出A处反应的离子方程式：_____<br>_____。<br>（2）B处实验现象是_____。<br>（3）实验预期结论：_____。<br>（4）存在问题：_____。 | 第二组<br>（1）$Cl_2+2Br^- =\!=\!=$<br>$Br_2+2Cl^-$。<br>（2）试纸变蓝。<br>（3）氧化性：$Cl_2>$<br>$Br_2>I_2$。<br>（4）无法判断$Br_2$和$I_2$的氧化性 | 学以致用，练习巩固。 |
| 对应练习3：某化学课外兴趣小组为验证卤素单质氧化性的相对强弱，用下图所示装置进行实验(夹持仪器已略去，气密性已检验)。 | （1）分液漏斗。<br>（2）还原性和酸性。 | |

续 表

| 教师活动 | 学生活动 | 设计意图 |
|---|---|---|
| <br><br>实验过程：<br>Ⅰ.打开弹簧夹，打开活塞a，滴加浓盐酸。<br>Ⅱ.当B和C中的溶液都变为黄色时，夹紧弹簧夹。<br>Ⅲ.当B中溶液由黄色变为红棕色时，关闭活塞a。<br>Ⅳ……<br>填空：<br>（1）盛放浓盐酸的仪器名称为_____。<br>（2）在烧瓶内发生反应时，体现浓盐酸的性质为_____。<br>（3）验证氯气的氧化性强于碘的实验现象是_____。<br>（4）B中溶液发生反应的离子方程式是_____ _____。<br>（5）浸有NaOH溶液的棉花的作用为_____ _____。<br>（6）为验证溴的氧化性强于碘，过程Ⅳ的操作步骤和现象是_____。<br>（7）过程Ⅲ的目的是_____ | （3）湿润的淀粉KI试纸变蓝。<br>（4）$Cl_2+2Br^-\!=\!=\!=\!$ $Br_2+2Cl^-$。<br>（5）吸收挥发出来的$Cl_2$，防止污染空气。<br>（6）打开活塞b，将少量C中溶液滴入D中，关闭活塞b，取下D振荡，静置后$CCl_4$层变为紫红色。<br>（7）确认C的黄色溶液中无$Cl_2$，排除$Cl_2$对溴置换碘实验的干扰 | 以练促学 |

## 七、教学反思

本课时的章末复习内容以典型例题的形式进行推进，以题对本章知识进行覆盖，加深学生对本章知识的理解与掌握；以实验探究题的形式进行知识的总结，培养了学生的宏观辨识与微观探析、证据推理与模型认知以及科学探究与创新意识的学科核心素养。

## 八、板书设计

### 第四章 物质结构 元素周期律章末复习

1.元素的推导，元素周期律的应用。

2.根据元素周期表，结合元素周期律知识，掌握微观单核微粒半径大小的比较、电子式的书写。

3.拓展对物质结构、元素周期律知识的综合应用。